# 在宅楽飯《ざいたくらくめし》100

## 15分で最高のおうちごはん

ウエキトシヒロ
かおしぐっち

大和書房

# はじめに

在宅楽飯《ざいたくらくめし》――それは、家で朝昼晩のごはんを作って食べることが多くなったとき、僕たちが考えたインスタグラムのハッシュタグです。

忙しかったり、疲れていたり、毎日のごはんを作り続けるのは、なかなか大変なこと。おいしい料理は、外食や中食でいくらでも食べられる時代です。

でも、家で作った料理には、ほかには代えられない良さがあります。

まず、お財布にやさしいこと。自分で選んだ食材で作るから、栄養バランスが良いこと。そして何より、作っているうちに料理がだんだんと楽しいものになっていくこと！　自分の手で、自分の体をいたわる料理を生み出すということは、とてつもなくすごいことだと思います。

この本では、僕たちが繰り返し作っている、おすすめの在宅楽飯を、１００品紹介しています。手早くできて、満足度の高いレシピを集めました。

「あぁ、料理が面倒くさいなぁ、何作ろうかなぁ」そんなふうに思ったときに、パラパラとページをめくってみてください。きっと、「これが食べたい」「これなら作れそう！」というメニューが見つかると思います。

料理が苦手でいつも頭を悩ませている……そんな方々の助けに少しでもなれば、うれしく思います。

ウエキトシヒロ
かおし
ぐっち

# 在宅楽飯《ざいたくらくめし》とは？

この本の料理のポイント

## 1 15分でできる

料理にかかる時間は15分以内。簡単なものは5分でできてしまいます。忙しい人の味方のレシピを集めました。

## 2 ラクに作れる

簡単にできるメニューばかりだから、仕事で疲れていても「これなら作れそう」が見つかります。料理初心者でも安心です。

## 3 お財布にやさしい

特別な材料は使いません。スーパーで売っている普通の素材を使って、とびきりおいしい料理を生み出します。

## 4 栄養バランスが良い

野菜もたんぱく質もたっぷりとれる、バランスのいいメニューです。食べているうちに、身も心も元気になってきます。

## 5 楽しい！

この本の料理を作っていくと、「料理は楽しい！」ということに気づくはず。楽しくなってくれば、自然と毎日続けられます。

# もくじ



## 1 麺

## 2 丼

## 3 飯



## 4 パン

## 5 楽おかず



## 6 5分つまみ

# この本の決まりごと

## 材料について

・大さじ1は15ml、小さじ1は5mlです。

・米1合は180mlです。

・ご飯茶碗1杯分は150gです。

・「塩ひとつまみ」と「塩少々」は、以下の分量を目安にしてください。

塩ひとつまみ……親指、人差し指、中指の3本の指でつまんだ分量。

塩少々……親指、人差し指の2本の指でつまんだ分量。

・本書に記載している「おろしにんにく」「おろししょうが」の分量は、チューブではない生のものの場合の分量です。チューブを使う場合は、メーカーによって風味が異なるので、味をみながら加減してください。

・とくに注釈がない場合は、しょうゆは濃い口しょうゆ、砂糖は上白糖、塩は自然塩、バターは有塩バターを使用しています。

・「黒こしょう」は粗挽きのブラックペッパーを使用しています。「こしょう」はパウダータイプのホワイトペッパーを使用しています。

## 調理について

・野菜を洗う、皮をむくなどの行程は記述を省略している場合があります。必要に応じて行ってください。

・調味料は、お使いのものによって塩分量などが異なるので、味見をしながら必要に応じて加減してください。

・電子レンジの加熱時間は600Wの場合の目安です。500Wの場合は加熱時間を1.2倍にしてください。

・チャーハンの材料のご飯は温かいものを使用しています。残りご飯など冷たい場合は、電子レンジで軽く温めてから使うと作りやすいです。

・炊き込みご飯のお米は、時間に余裕があったら、洗ってざるに上げ、30分ほど置いてから(調味料を入れる前にしっかり吸水させてから)調味料を加えて炊飯すると、お米に芯が残るなどの失敗がなくおいしく炊きあがります。なお本書では、お米の吸水時間と炊飯時間を除いた実質の作業時間が15分以内のレシピを紹介しています。

# 麺 1

# なめたけ釜玉うどん

釜玉うどんは早さが大事。必要な材料をすべて目の前に揃えてからうどんをレンジに入れます。うどんが熱々のうちに素早く混ぜることで卵に熱が入り、まろやかな食感に。なめたけを増やしてめんつゆの量を減らしても。

**材料**（2人分）

・冷凍讃岐うどん……2玉
・ごま油……小さじ2
・めんつゆ（2倍濃縮）……小さじ2
**A**　・卵（常温）……2個
　・なめたけ……大さじ3〜4
　・万能ねぎ（小口切り）……適量
　・白いりごま……大さじ2

**作り方**

1. 冷凍うどんは電子レンジで袋の表示時間通りに加熱する。
2. 器にうどんを入れて**A**をのせ、ごま油とめんつゆをまわしかける。

麺
うどん



かおし作

# 釜玉バターうどん

釜玉うどんの卵は常温のものを使います。冷蔵庫から出したての卵は、殻ごとしばらくぬるま湯に浸けておくとすぐに常温になりますよ。

**材料**(2人分)

・冷凍讃岐うどん……2玉
・めんつゆ(2倍濃縮)……大さじ2

**A** ・卵(常温)……2個
・バター……20g
・万能ねぎ(小口切り)……適量
・天かす……適量
・黒こしょう……適量

**作り方**

1. 冷凍うどんは電子レンジで袋の表示時間通りに加熱する。
2. 器にうどんを入れて**A**をのせ、めんつゆをまわしかける。

ぐっち作

# おろし冷しゃぶうどん

冷しゃぶは、沸騰湯より少し低めの温度の湯で弱めの火でゆでると、やわらかく仕上がります。半熟卵などの具材はお好みで。

**材料**（2人分）

- うどん（ゆで）……2玉
- 豚薄切り肉（しゃぶしゃぶ用）……100g
- 半熟卵……1個
- きゅうり……1/2本
- 大根おろし……適量
- 白いりごま……適量

**A**
- めんつゆ（2倍濃縮）……150ml
- 水……300ml

**1** うどんは2分ゆでて冷水にとる。豚肉はさっとゆでで、冷ましておく。半熟卵を作っておく。きゅうりはせん切りにする。大根はおろす。

**2** 水気をきったうどんを器に入れ、**A**をかける。すべての具材をのせ、大根おろしにしょうゆ（分量外）を少したらす。

麺
うどん

ウエキ作

麺
うどん

# 中華風あんかけかき玉うどん

ラー油と酢を加えることで、酸辣湯《サンラータン》風になります。どちらか片方だけでもいいですし、なしでもおいしいので、お好きな食べ方を見つけてください。僕は両方たっぷりめが好きです。

ぐっち作

**材料**（2人分）

- 冷凍うどん……2玉
- 鶏ひき肉……80g
- しいたけ……2個（30g）
- 卵……1個
- 片栗粉……大さじ2（同量の水で溶いておく）
- ごま油……大さじ1
- 万能ねぎ（小口切り）……適量
- ラー油……適量
- 酢……適量

**A**
- 水……800ml
- 鶏がらスープの素……大さじ1
- 酒……大さじ1
- しょうゆ……大さじ1
- 塩……小さじ1
- こしょう……少々

**作り方**

1. しいたけは石づきを切り落として薄切りにする。
2. 鍋にごま油を熱し、鶏肉を炒める。肉が色づいたら**A**としいたけを加えてひと煮立ちさせ、火を止める。水溶き片栗粉をまわし入れてよく混ぜ、再び火をつけてとろみがつくまで煮る。溶いた卵を全体をかき混ぜながら流し入れ、卵に火を通す。
3. 冷凍うどんを電子レンジで袋の表示時間通りに加熱して器に盛り、**2**をかける。万能ねぎを散らし、好みでラー油と酢をかける。

# 即席カレーうどん

めんつゆを使うと、うどん屋さんのような出汁のきいたカレーうどんがすぐに作れます。具材はほかに、小松菜や冷凍コーン、きのこ類などを加えても。

**材料**（2人分）

- 冷凍うどん……2玉
- 豚こま切れ肉……100g
- 油揚げ……1/2枚
- かまぼこ……1/4本
- 長ねぎ……20cm
- サラダ油……大さじ1/2
- 片栗粉……大さじ2（同量の水で溶いておく）
- 万能ねぎ（小口切り）……適量
- 七味唐辛子……適量

**A**
- カレールー……50g
- めんつゆ（2倍濃縮）……50ml
- しょうゆ……大さじ1
- お湯……800ml

**作り方**

1. 豚肉、油揚げ、かまぼこは食べやすい大きさに切る。長ねぎは斜め薄切りにする。
2. 鍋に油を熱し、豚肉と長ねぎを炒める。豚肉の色が変わったら**A**を加えて煮込む。ルーが溶けたら火を止め、水溶き片栗粉をまわし入れてよく混ぜる。油揚げを入れて再び火にかけ、混ぜながらとろみがつくまで煮る。
3. 冷凍うどんを電子レンジで袋の表示時間通りに加熱して器に盛り、**2**をかける。かまぼこをのせ、万能ねぎと七味唐辛子を散らす。

ぐっち作

# トマトツナもずくの冷製パスタ

もずく酢はタレごと使うと酸味が加わり、さっぱりとしたドレッシングのような味わいに。パスタの水気は、キッチンペーパーでパスタを包むようにしてしっかりきるのがコツです。

**材料**（2人分）

- スパゲッティ……200g
- トマト……2個
- ツナ……1缶（70g）
- もずく酢……2個（120g）
- かいわれ……1パック

**A**
- めんつゆ（2倍濃縮）……大さじ1
- ごま油……小さじ1
- 塩……小さじ$\frac{1}{3}$
- 黒こしょう……適量

**作り方**

**1** トマトは1.5cm角に切る。ツナは油をきる。大きめのボウルに**A**を入れて混ぜ、トマト、ツナ、もずく酢をタレごと加えてなじませる。

**2** スパゲッティは塩（分量外）を加えた湯で、袋の表示より30秒長くゆでて氷水にとり、水気をしっかりきる。

**3** スパゲッティを**1**のボウルに加えて混ぜる。器に盛り、半分の長さに切ったかいわれを添える。

麺
パスタ

かおし作

# こくウマ明太ツナパスタ

明太子はたらこに代えてももちろんおいしい！　牛乳を加えることで少しまろやかになり、マヨネーズでコクをプラス。バターは小さめに切っておくと溶けやすいです。

**材料**（2人分）

・スパゲッティ……200g
・明太子……2本（1腹）
・ツナ……1缶（70g）
・バター……10g
・めんつゆ（2倍濃縮）……大さじ2
・牛乳……大さじ2
・マヨネーズ……大さじ1
・大葉……5〜6枚
・黒こしょう……適量

**作り方**

**1** スパゲッティは塩（分量外）を加えた湯で、袋の表示時間通りにゆでる。大葉はせん切りにする。

**2** 大きめのボウルに明太子を中身をしごき出しながら入れ、油をきったツナ、バター、めんつゆ、牛乳、マヨネーズを加えて混ぜる。

**3** スパゲテッティを**2**のボウルに入れてよく混ぜる。皿に盛り、大葉をのせ、黒こしょうをふる。

かおし作

# ウインナーときのこのマヨポンパスタ

マヨネーズのコクとポン酢の酸味のバランスがクセになる味わいです。万能ねぎと七味唐辛子はたっぷりトッピングしてみてください。

**材料**（2人分）

- スパゲッティ……200g
- ウインナー……4本
- まいたけ……70g
- しめじ……1/2パック（70g）
- ガーリックパウダー（あれば）……少々
- マヨネーズ……大さじ2
- ポン酢……大さじ2 1/2
- 万能ねぎ（小口切り）……適量
- 七味唐辛子……適量

**作り方**

1. スパゲッティは塩（分量外）を加えた湯で、袋の表示より1分短くゆでる。
2. ウインナーは食べやすい大きさに切る。きのこは石づきを切り落として小房に分ける。
3. フライパンにマヨネーズを温め、**2**を入れてガーリックパウダーをふりかけながら炒める。
4. スパゲッティとゆで汁100mlをフライパンに入れ、ポン酢をかけて汁気を飛ばすように炒める。器に盛り、万能ねぎと七味唐辛子を散らす。

ぐっち作

# 豚バラと小松菜の中華風パスタ

中華風の味つけとオリーブオイル、粉チーズの風味が絶妙にマッチ。ボリューム満点なので、食べ盛りの子どもにもピッタリ。粉チーズをたっぷりかけるのがわが家流です。

**材料（2人分）**

- ・スパゲッティ……200g
- ・豚バラ肉……120g
- ・小松菜……2株（100g）
- ・まいたけ……50g
- ・オリーブオイル……大さじ2
- ・鶏がらスープの素……小さじ1
- ・塩こしょう……少々
- ・粉チーズ……適量
- ・黒こしょう……適量

**作り方**

1. 豚肉と小松菜は食べやすい大きさに切る。まいたけは小房に分ける。
2. スパゲッティは塩（分量外）を加えた湯で、袋の表示より1分短くゆでる。
3. フライパンにオリーブオイルを熱し、豚肉を炒めて塩こしょうで軽く味をつけ、小松菜の茎の部分とまいたけを加えて炒める。
4. スパゲッティとゆで汁100mlをフライパンに入れ、鶏がらスープの素、小松菜の葉の部分を加えて汁気を飛ばすように炒める。好みで粉チーズと黒こしょうをふる。

麺
パスタ

ぐっち作

麺
パスタ

# フレッシュトマトのオイルパスタ

トマトの種の部分と実の部分を分け、それぞれ別のタイミングでフライパンに入れることでおいしくなります。トマトの旬の時季にぜひ作ってみてください。

**材料**（2人分）

- ・スパゲッティ……200ｇ
- ・ツナ……1缶（70g）
- ・トマト……2個
- ・にんにく……1かけ
- ・赤唐辛子……1本
- ・オリーブオイル……大さじ3
- ・大葉……2枚

**作り方**

1. にんにくはみじん切りにする。赤唐辛子は半分に切って種を取る。大葉はせん切りにする。トマトは横半分に切り、種の部分をスプーンで取り分け、残りの部分を1cm角に切っておく。
2. フライパンにオリーブオイル、にんにく、赤唐辛子を入れて中弱火にかけ、香りを出す。
3. スパゲッティを塩（分量外）を加えた湯でゆで始める。1分半たったゆで汁をおたま1杯分フライパンに入れ、ツナとトマトの種の部分も加えて混ぜながら火を通す。
4. スパゲッティを袋の表示より1分手前で鍋から引き上げてフライパンに入れ、よく混ぜ合わせて火を止める。トマトの種以外の部分を加えてさっと混ぜる。器に盛り、大葉をのせる。

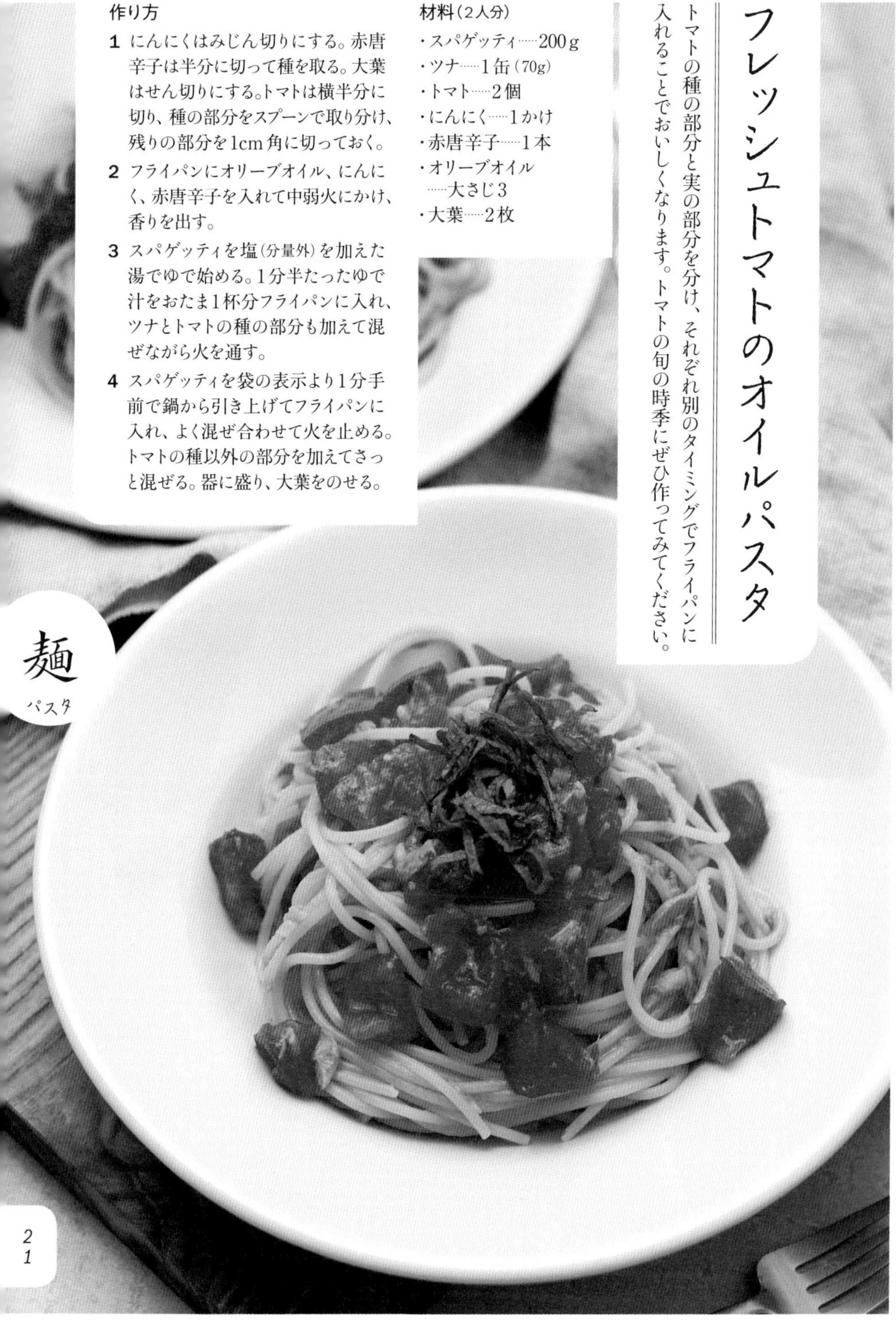

ウエキ作

# おかかペペロンチーノ

めんつゆとおかかで、和風のペペロンチーノに。ゆで汁を加えた後とパスタを入れた後に、モッタリとするまでよく混ぜるのがコツです。

麺
パスタ

**材料**（2人分）

- スパゲッティ……200g
- 小松菜……2株
- にんにく……1かけ
- 赤唐辛子……1本
- オリーブオイル……大さじ2
- めんつゆ（2倍濃縮）……大さじ1
- 削り節……5g

**作り方**

1. にんにくはみじん切りに、赤唐辛子は種を取って輪切りにする。小松菜は4cm長さに切る。
2. スパゲッティは塩（分量外）を加えた湯で、袋の表示より1分短くゆでる。スパゲッティがゆで上がる1分前に小松菜を加えて一緒にゆでる。
3. ゆでている間にフライパンにオリーブオイル、にんにく、赤唐辛子を入れて中弱火にかけ、香りを出す。香りが立ったらパスタのゆで汁をおたま一杯分加えてよく混ぜる。
4. スパゲッティと小松菜を**3**のフライパンに入れてソースを絡ませ、めんつゆを加えて混ぜる。皿に盛り、削り節をかける。

かおし作

# 鶏肉としいたけの和風ミルクパスタ

冷蔵庫にある材料でパスタを作りたいと思い、ありもので作ってみたらとてもおいしくできました。和カフェ風なスープパスタ、妻にも好評です。粉山椒の代わりに七味唐辛子をかけても。

**材料**（2人分）

- スパゲッティ……200g
- 鶏ひき肉……60g
- しいたけ……2個（30g）
- ごま油……大さじ1
- 万能ねぎ（小口切り）……適量
- 粉山椒（あれば）……適量

**A**
- 和風顆粒だし……大さじ1/2
- 牛乳……300ml
- 塩……小さじ1/3

**作り方**

**1** しいたけは石づきを切り落として薄切りにする。スパゲッティは塩（分量外）を加えた湯で袋の表示より1分短くゆでる。

**2** フライパンにごま油を熱して鶏肉としいたけを炒め、鶏肉が色づいたら**A**を加えて軽く煮立たせる。

**3** フライパンにスパゲッティを入れて混ぜる。器に盛り、万能ねぎと粉山椒を散らす。

麺
パスタ

ぐっち作

# コチュジャンでピリ辛ウインナーパスタ

ナポリタンの要領で作れる、甘辛い味がやみつきになるパスタです。にんにくをごま油で炒めて香りを出し、コチュジャンも炒めることで風味豊かになります。

**材料**（2人分）

- スパゲッティ……200g
- ウインナー……6本
- ブロッコリー……1/4個
- にんにく……1かけ
- ごま油……大さじ1
- コチュジャン……大さじ1
- しょうゆ……小さじ1/2

**作り方**

1. ウインナーは食べやすい大きさに切る。ブロッコリーは小房に分け、小さめに切る。にんにくはみじん切りにする。
2. フライパンにごま油、にんにく、コチュジャン、ウインナー、ブロッコリーを入れ、弱火にかける。
3. スパゲッティを塩（分量外）を加えた湯でゆで始める。1分半たったゆで汁をおたま1杯分フライパンに入れ、火を少し強めてよく混ぜ合わせる。
4. スパゲッティを袋の表示より1分手前で鍋から引き上げてフライパンに入れ、さっと炒めて器に盛る。

麺
パスタ

ウエキ作

# 海苔納豆TKM《たまごかけめん》

さらに簡単に作りたいときは、すべての具材を深さのある器に入れ、ゆで上がったパスタを直接入れて混ぜてもOK。酸味が好きな人はお酢の分量を増やしても。バターを少し加えてもおいしいです。

**材料**（2人分）

- スパゲッティ……200g
- 卵黄……2個分
- 大葉……5枚
- 万能ねぎ（小口切り）……1本

**A**
- 納豆（タレ、カラシも使用）……2パック
- 海苔の佃煮……大さじ2
- 卵白……2個分
- めんつゆ（2倍濃縮）……大さじ1
- 酢……大さじ2/3

**作り方**

1. スパゲッティは塩（分量外）を加えた湯で、袋の表示時間通りにゆでる。大葉はせん切りにする。卵は卵黄と卵白に分けておく。
2. ボウルに**A**を入れ、空気を含ませるようにしてフワフワになるまで混ぜる。
3. 器にスパゲッティを盛って**2**をかけ、卵黄、大葉、万能ねぎをのせる。

かおし作

column

# 知っておきたい麺あれこれ

## うどん

本書で紹介しているレシピは、冷凍うどんを使っているレシピと、ゆでうどんを使っているレシピがありますが、どちらを使っても大丈夫です(たとえば冷凍うどんのレシピは、ゆでうどんを使っても作れます)。
ゆでうどんはすぐに使えるのが魅力。冷凍うどんはストックしておくと、買い物に行けないときに助かります。冷凍うどんは電子レンジで解凍して使います(600Wのレンジなら1玉あたり3分程度)。

## パスタ

パスタは、たっぷりの湯に塩を入れてゆでます。塩は水に対して1%くらい。たとえばスパゲッティ200gをゆでる場合は、お湯を2リットル以上沸かして塩を大さじ1杯強加えます。パスタにほんのりと塩味がついていれば、ソースは薄味でもおいしいです。

## 焼きそば

麺がフライパンにくっついてしまったり、ほぐすのに時間がかかったりして大変に感じるときは、あらかじめ麺を袋ごと電子レンジで温めてから使うと簡単にできます。麺の袋の端に小さく切り込みを入れ、電子レンジ(600W)で1玉につき1分ほど加熱してください。こうすることで、すぐにほぐれて火が通りやすくなり、時短にもなります。

## そうめん

そうめんはゆでた後、流水でよく洗ってぬめりをとることでおいしくなります。もみ洗いは、粗熱がとれてからしてください(熱さが残っているうちにもんでしまうとおいしくなくなってしまうので注意)。もみ洗いには、そうめんの余分な塩分を落とす効果もあります。

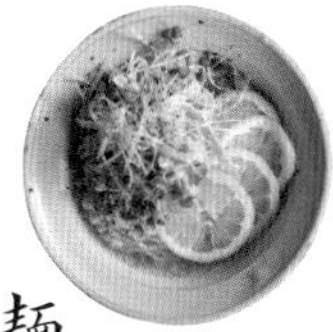

## インスタント麺

保存ができるインスタント袋麺は、買い置きがあるといざというときに便利です。本書のレシピで使用している麺はこちら。

・即席プデチゲ(ぐっち作・36ページ)……サッポロ一番 みそラーメン
・ピリ辛なすの油そば(ウエキ作・37ページ)……辛ラーメン
・冷やしレモン塩ラーメン(かおし作・38ページ)……サッポロ一番 塩らーめん

## 冷やし中華

冷やし中華は「中華生麺」のほか、「焼きそば麺」でも作れます。焼きそば麺の場合は、油がまぶしてあるので、使う前に熱湯で1分ほどゆでて油を落としてから使います。焼きそば麺でもおいしくできますよ。

# 梅めかぶとろろそうめん

めんつゆにめかぶを加えるだけで、つけつゆがぐんとおいしくなることを発見！　さらに長芋も加えることで、のどごし良く栄養もアップ。食欲がない日でもするすると食べられます。

**材料**（２人分）

・そうめん……４束（200g）
・めかぶ……２パック
・長芋……100ｇ
・梅干し……２個
・削り節……3g
**A**　・めんつゆ（２倍濃縮）……100ml
　・水……180ml
　・氷……2〜3個

**作り方**

**1** 梅干しは種を取り、包丁で細かくたたく。長芋は皮をむいて適当な大きさに切り、ビニール袋に入れて麺棒などでたたいて粗くつぶし、めかぶと混ぜる。

**2** そうめんを袋の表示時間通りにゆでる。流水で洗って水気をきり、器に盛る。

**3** **A**を混ぜてそうめんにかけ、**1**をのせ、削り節を添える。

かおし作

麺
そうめん

# ごま油香るねぎとツナのそうめん

ねぎを切る手間だけでおいしいそうめんが作れます。あとはそうめんをゆでてパパッと混ぜるだけ。10分もかからず完成します。

ウエキ作

**材料**（2人分）

・そうめん……4束（200g）

**A** ・ツナ……2缶（140g）
・長ねぎ……15cm
・ごま油……大さじ2
・めんつゆ（2倍濃縮）……大さじ2
・白いりごま……適量

**作り方**

**1** 長ねぎは斜め薄切りにする。ツナは油をきる。ボウルに**A**を混ぜ合わせる。

**2** そうめんを袋の表示時間通りにゆでる。流水で洗って水気をきり、器に盛って**1**をのせる。

# しらすトマトそうめん

フレッシュなトマトとしらすのコンビネーションが魅力のそうめんです。かいわれもしらすとの相性バツグンなので、ぜひたっぷりのせてみてください。

**材料**（２人分）

・そうめん……４束（200g）
・釜揚げしらす……50g
・トマト……２個
・かいわれ……適量
・めんつゆ（２倍濃縮）……150ml

**作り方**

1 トマトは1cm角に、かいわれは根元を切り落として半分に切る。
2 そうめんを袋の表示時間通りにゆでる。流水で洗って水気をきり、器に盛る。
3 めんつゆと水300mlを合わせてそうめんにかけ、トマト、しらす、かいわれをのせる。

麺
そうめん

ウエキ作

# にら玉そうめんチャンプルー

具たっぷりのそうめんチャンプルーは、主食にも副菜にもお酒のおつまみにも！ わが家では季節を問わず定番です。ゆでたそうめんにごま油をまぶしておくと、麺どうしがくっつかず作りやすいです。

**材料**（2人分）

- そうめん……3束（150g）
- 豚バラ薄切り肉……100g
- 卵……2個
- にら……1/2束
- もやし……1/2袋
- サラダ油……大さじ1
- ごま油……大さじ2
- 削り節……5g

**A**
- めんつゆ（2倍濃縮）……大さじ3
- 鶏がらスープの素……小さじ1
- 塩……ひとつまみ
- 黒こしょう……適量

**作り方**

1. 豚肉は2cm幅、にらは5cm長さに切る。フライパンにサラダ油を熱し、溶いた卵を流し入れて大きく混ぜ、ふわっとした炒り卵を作って皿に取り出す。
2. そうめんをかためにゆでる。流水で洗って水気をきり、ごま油大さじ1をまぶしておく。
3. フライパンにごま油大さじ1を熱し、豚肉を炒める。肉の色が変わったらもやしを入れて炒め、そうめん、にら、卵を加え、**A**を混ぜて入れ、全体を炒め合わせる。火を止めて削り節をかける。

麺
そうめん

かおし作

# 台湾風スープそうめん

台湾ビーフンのそうめんバージョンレシピ。鶏がらスープでいただきます。具材はほかに、にんじんやチンゲン菜、鶏肉などを入れてもおいしいです。

**材料**（2人分）

・そうめん……4束（200g）
・えび……6尾
・にら……6本
・もやし……1袋
・パクチー……適量

**A**
・水……500ml
・鶏がらスープの素……小さじ2
・しょうゆ……大さじ1
・塩……少々

**作り方**

1 えびは殻をむいて背わたを取る。にらは5cm長さに切る。小鍋にAを入れて火にかけ、スープを作る。

2 大きめの鍋に湯を沸かしてもやしをさっとゆでて取り出し、同じ湯でそうめんを袋の表示時間通りにゆでて氷水にとる。次に同じ湯でえびをゆでる。

3 器に水気をきったそうめんを盛ってスープを注ぎ、もやし、にら、えびをのせる。好みでパクチーを添える。

ウエキ作

# 鶏出汁にゅうめん

鶏むね肉は水からゆで、ゆっくり火を通すとやわらかく仕上がります。柚子こしょうがピリッときいたシンプルで奥深い味なので、お酒の〆にもピッタリ。

**材料**（2人分）

- そうめん……4束（200g）
- 鶏むね肉……1/2枚（130g）
- 水菜……1株
- 柚子こしょう……適量

**A**
- 水……800ml
- 鶏がらスープの素……大さじ1 1/2
- 塩……小さじ1/2
- こしょう……少々

**作り方**

1. 鶏肉はそぎ切りにする。水菜は5cm長さに切る。そうめんはかためにゆでて流水で洗っておく。
2. 鶏肉と**A**を鍋に入れ、あくを取りながら沸騰させる。鶏肉に火が通ったら、そうめんを加えて温める。
3. 器に盛り、水菜と柚子こしょうをのせる。

麺
そうめん

ぐっち作

# 冷やしぶっかけラー油そば

ラー油とそばの香り、レモンの酸味が絶妙にマッチして食欲のないときでもスルッと食べられます。控えめに言っても激ウマなので、ぜひ作ってみて！

**材料**（2人分）

- そば（乾麺）……200g
- 豚バラ肉（しゃぶしゃぶ用）……100g
- かいわれ……1/2パック
- レモン……1/4個

**A**
- めんつゆ（2倍濃縮）……大さじ5
- ラー油……適量

**作り方**

1 豚肉は食べやすい大きさに切る。かいわれは根元を切り落とす。レモンはくし切りにする。

2 そばを袋の表示時間通りにゆで、氷水にとる。同じ湯で豚肉をゆで、冷水にとる。

3 2の水気をよくきり、器に盛ってAをかけ、かいわれとレモンを添える。

ぐっち作

# 焼き肉のタレde冷やし中華

焼き肉のタレと酢を組み合わせると、しっかり味だけどサッパリした冷やし中華のタレに！　焼きそば麺でも作れますが、油がまぶしてあるので、ゆでてから使います。好みで辛子やマヨネーズを添えて。

**材料**（2人分）

- 中華生麺……2玉
- ハム……5〜6枚
- きゅうり……1本
- トマト……1個
- かいわれ……1パック

**A**
- 卵……2個
- 片栗粉……大さじ1
- 水……大さじ1

**B**
- 焼き肉のタレ……100ml
- 酢……50ml
- 白ごま……大さじ1

**作り方**

1 錦糸卵を作る。Aをボウルに入れてよく混ぜ、フライパンにサラダ油（分量外）を熱し、$\frac{1}{2}$量を流し入れる。固まったら裏返して軽く焼き、取り出す。残りの$\frac{1}{2}$量も同様にする。

2 具材をすべて細切りにする。Bを混ぜ合わせてタレを作る。

3 麺をゆでて流水で冷まして水気をきり、器に盛る。すべての具材をのせ、タレをまわしかける。

麺
冷やし中華

かおし作

# 即席プデチゲ

みそ味のインスタント麺を使用することでチゲ感がアップ！ 麺に付属のスープを利用するので味つけも簡単です。具材は冷蔵庫に余っているものでＯＫ。キャベツや豚肉、スライスチーズなどを加えても。

**材料**（２人分）

・インスタント麺（みそ味）……２袋
・ウインナー……４本
・長ねぎ……20cm
・えのきだけ……1/3株
・キムチ……50g
・コチュジャン……小さじ１

**作り方**

**1** ウインナーは半分に切る。長ねぎは1cm幅の斜め切りにする。えのきだけは根元を切り落として小房に分ける。

**2** 鍋に水1200mlを入れて沸かし、**1**を加えて軽く煮る。

**3** **2**に付属のスープを溶かし入れ、麺、キムチ、コチュジャンを加えて好みのかたさになるまで煮込む。

麺
インスタント

ぐっち作

# ピリ辛なすの油そば

インスタント麺を使って油そばを自宅で簡単に！　ポイントは麺にしっかりごま油の風味をつけることです。

**材料**（2人分）

- インスタント麺……2袋
- 豚ひき肉……200g
- なす……2本
- ごま油……大さじ2
- 万能ねぎ（小口切り）……適量
- ラー油……適量

**A**
- しょうゆ……大さじ1
- みそ……大さじ1
- 豆板醤……小さじ1
- 砂糖……小さじ1

**B**
- 白すりごま……大さじ2
- ごま油……大さじ2
- しょうゆ……小さじ2

**作り方**

1 なすは小さめの乱切りにする。フライパンにごま油を熱し、なすと豚肉を炒める。**A**を加え、全体に火が通るまで炒め合わせる。

2 麺を袋の表示時間通りにゆでて水気をきり、**B**を絡める。器に盛って**1**をのせ、万能ねぎとラー油をかける。

麺
インスタント

ウエキ作

# 冷やしレモン塩ラーメン

常備しておけるインスタント麺を使って、サラダ感覚で食べられるさわやかなラーメンを。スープが濃く感じたら氷か水で調整して。塩ラーメンにはレモンがすごく合います！

**材料**（２人分）

- インスタント麺（塩味）……２袋
- 長ねぎ……10cm
- かいわれ……1/2パック
- ハム……４枚
- オリーブオイル……小さじ２
- レモン……１個
- 白すりごま……小さじ１
- 黒こしょう……適量

**作り方**

**1** 長ねぎは5cm長さに切り、縦半分に切って芯を抜き、重ねてせん切りにする。水で軽くもみ、絞って水気をきる。かいわれは根元を切り落とし、半分に切る。ハムは細切りにする。ボウルにこれらとオリーブオイルを入れて混ぜる。

**2** インスタントラーメンを袋の表示時間通りにゆでて流水で冷まし、水気をきる。

**3** 器にスープの素と水（1人200ml）を加えてよく混ぜ、氷（1人3個）を入れる。麺をスープに入れ、**1**をオイルごとのせ、スライスしたレモンを添える。すりごまと黒こしょうをふる。

麺
インスタント

かおし作

# ひき肉もやし焼きそば

肉と麺を別々に炒めるので、ピリ辛の具とソース味の麺の2通りの味が楽しめます。麺は水を加えてフタをして蒸すことでふっくらします。

**材料**（2人分）

- 焼きそば麺……2玉（粉末ソースも使用）
- 豚ひき肉……120g
- もやし……1袋
- サラダ油……小さじ2
- 万能ねぎ（小口切り）……適量

**A**
- 豆板醤……小さじ1/2
- しょうゆ……小さじ2

**作り方**

1 フライパンに油を熱し、豚肉を入れて炒める。肉の色が変わったら**A**を加えてさっと炒め、取り出す。フライパンをキッチンペーパーなどで拭く。

2 フライパンを中火にかけ、麺と水50mlを入れて箸でほぐし、もやしを入れ、フタをして2分弱蒸し焼きにする。

3 フタをあけたら粉末ソースを加えて麺とよく絡める。皿に盛って**1**をのせ、万能ねぎを散らす。

ウエキ作

# にらと豚バラの塩焼きそば

焼きそばは、ソース味より塩味のほうが、野菜炒め感覚でサクッと短時間で作れます。レモンを搾ると、コクがありつつさっぱりした食べやすい味に。

**材料**（2人分）

- 焼きそば麺……2玉
- 豚バラ薄切り肉……80g
- にら……1/2束
- ごま油……大さじ1
- レモン……1/4個

**A**
- 水……大さじ2
- 酒……大さじ1
- 鶏がらスープの素……大さじ1
- 塩……小さじ1/3
- こしょう……少々

**作り方**

1. 豚肉は食べやすい大きさに切る。にらは4cm長さに切る。麺は袋ごとレンジ（600W）で1玉につき1分加熱する。
2. フライパンにごま油を熱して豚肉を炒め、色が変わったら麺とニラ、**A**を加え、汁気を飛ばすように炒める。
3. 器に盛り、レモンを添える。

ぐっち作

麺
焼きそば

# あさりの酒蒸し焼きそば

あさりは海水くらいの塩水に浸けて、しっかり砂抜きしてから使います。短時間でササッと作れるので夜食にもピッタリ。ビールのおともにも。

ぐっち作

**材料**（2人分）

- 焼きそば麺……2玉
- あさり……200g
- オリーブオイル……大さじ1
- ポン酢……適量
- 万能ねぎ（小口切り）……適量
- 七味唐辛子……適量

**A**
- 酒……100ml
- ガーリックパウダー……少々

**B**
- しょうゆ……大さじ1/2
- 和風顆粒だし……小さじ1

**作り方**

1 あさりは塩水に浸けて砂抜きし、殻をこすり合わせて洗う。麺は袋ごと電子レンジ（600W）で1玉につき1分加熱する。

2 フライパンにオリーブオイルを熱し、あさりとAを加えてフタをする。

3 あさりの殻が開いたら麺とBを加え、水分を飛ばすように軽く炒める。器に盛り、好みでポン酢をかけ、万能ねぎと七味唐辛子を散らす。

# 豚こまとねぎのポン酢焼きそば

麺の焼きつけは、ソース焼きそばでやっても格段においしくなるのでおすすめです。七味やラー油などの辛味や、レモンなどの酸味を足しても◎。

**材料（2人分）**

- 焼きそば麺……2玉
- 豚こま切れ肉……120g
- 万能ねぎ……1/2束
- ごま油……大さじ1
- マヨネーズ……大さじ1
- 削り節……5g
- 黒こしょう……適量

**A**
- ポン酢……大さじ3
- おろしにんにく……小さじ1
- おろししょうが……小さじ1

**作り方**

1. 豚肉は食べやすい大きさに切る。万能ねぎは5cm長さに切る。
2. フライパンにごま油を熱して麺を入れて軽くほぐし、動かさずに中火で2分焼き、裏返して同様に2分焼く。焼けたら皿に取り出す。
3. フライパンにマヨネーズを入れて中火で熱し、豚肉を炒める。豚肉の色が変わったら、万能ねぎ、麺、**A**を入れて炒め、削り節を加えて混ぜる。器に盛り、黒こしょうをふる。

かおし作

麺
焼きそば

# にらダレ焼きそば

たっぷりのニラが入ったタレで食べる焼きそば。いくらでも食べられるおいしさです。砂糖はお好みで入れなくても。

**材料**（2人分）

- 焼きそば麺……2玉
- しょうゆ……小さじ2
- 塩……ひとつまみ

**A**
- にら……$\frac{1}{2}$束（60g）
- ごま油……大さじ2
- オイスターソース……小さじ2
- しょうゆ……小さじ4
- 酢……大さじ2
- 砂糖……小さじ1

**作り方**

1. にらは細かく切る。**A**を混ぜ合わせてにらダレを作っておく。
2. フライパンを中火にかけ麺と水50mlを入れて箸でほぐす。しょうゆと塩を加えてフタをして2分弱蒸し焼きにする。
3. 器に麺を盛り、にらダレをかける。

ウエキ作

# 焼きそばおこげのカニ玉あんかけ

固まっている焼きそば麺をそのまま生かして使います。食べ始めはカリカリ食感ですが、食べているうちにあんが馴染んできてモチッとした食感に！

**材料**（2人分）

・焼きそば麺……2玉
・カニカマ……50g
・卵……1個
・水菜……1〜2株
・ごま油……大さじ1
・片栗粉……小さじ2
（同量の水で溶いておく）
**A**
・水……300ml
・鶏がらスープの素……小さじ2
・酒……大さじ1
・みりん……大さじ1
・薄口しょうゆ……小さじ1
・黒こしょう……適量

**作り方**

1 麺は1玉を4等分に切る。水菜は4cm長さに切り、カニカマは手でほぐす。卵は溶いておく。

2 フライパンにごま油を熱し、焼きそば麺をほぐさずにそのまま並べ入れる。弱めの中火で、麺のフチが茶色がかってくるまで触らずに焼く。裏面も同様に焼き、皿に盛る。

3 フライパンに**A**を入れて火にかけ、沸騰したらカニカマと水菜を加え、しんなりしてきたら火を止め、水溶き片栗粉を加えて混ぜる。再度中火にかけ、とろみがつきフツフツしたら卵をまわし入れ、軽く混ぜて麺にかける。

麺
焼きそば

かおし作

# 明太高菜焼きうどん

明太子と高菜だけで味が決まる簡単うどん。隠し味はバターです。ゆでうどんは、水に浸すとほぐれやすくなります。電子レンジで袋のまま1分ほど加熱しても。

**材料**（2人分）

- ・うどん（ゆで）……2玉
- ・明太子……1本（$\frac{1}{2}$腹）
- ・高菜漬け……70g
- ・バター……20g
- ・しょうゆ……大さじ1
- ・大葉……4枚

**作り方**

1. うどんは袋から出して水で洗い、ほぐしておく。明太子は中身をしごき出す。高菜漬けはきざんでおく。大葉はせん切りにする。
2. フライパンにバターを入れ、うどん、明太子、高菜漬けをほぐしながら入れてさっと炒め、しょう油をまわしかける。器に盛り、大葉を散らす。

ウエキ作

麺
焼きうどん

# スタミナ焼きうどん

ご当地料理の「ホルモン焼きうどん」をイメージしたレシピです。おろししょうがを絡めながらどうぞ！

**材料**（2人分）

- ・冷凍うどん……2玉
- ・卵……2個
- ・豚こま切れ肉……80g
- ・玉ねぎ……1/4個
- ・キャベツ……1〜2枚（100g）
- ・もやし……1/2袋
- ・サラダ油……大さじ1 1/2
- ・酒……大さじ1
- ・塩こしょう……少々
- ・焼き肉のタレ……大さじ5
- ・おろししょうが……適量

**作り方**

1. 豚肉、玉ねぎ、キャベツを食べやすい大きさに切る。
2. フライパンにサラダ油を熱して**1**を入れ、酒と塩こしょうをふり、しんなりするまで炒める。
3. 冷凍うどんを電子レンジで袋の表示時間通りに加熱してフライパンに加え、もやしも入れてさっと炒める。焼き肉のタレで味つけし、器に盛る。
4. フライパンをキッチンペーパーなどで拭いて油（分量外）をひき、目玉焼きを作って**3**にのせる。おろししょうがを添える。

ぐっち作

# おかかたっぷり焼きうどん

和風の削り節とにんにくを合わせることで味に深みが出ます。ソース味に飽きたらぜひ作ってみてください。

**材料**（2人分）

- うどん（ゆで）……2玉
- 豚バラ薄切り肉……150g
- 玉ねぎ……1/2個
- ピーマン……2個
- 水菜……1〜2株
- ごま油……大さじ1
- 削り節……8g
- 紅しょうが……適量

**A**
- めんつゆ（2倍濃縮）……大さじ3
- ウスターソース……大さじ1
- おろしにんにく……小さじ1
- 黒こしょう……適量

**作り方**

1. 豚肉は食べやすい大きさに切る。玉ねぎとピーマンは5mm幅に、水菜は4cm長さに切る。うどんは電子レンジで1袋につき1分加熱する。
2. フライパンにごま油を熱し、豚肉と玉ねぎを炒める。ピーマン、水菜、うどんを加えて軽く炒め合わせる。
3. **A**を混ぜて**2**に加え、火を少し強めて30秒ほど炒めたら火を止め、削り節を加えて混ぜる。皿に盛り、紅しょうがを添える。

かおし作

column

# 私の在宅楽飯

## ぐっち編

わが家は私と妻と小学生の娘の3人暮らし。夫婦ともフルタイムで働いているため、基本的に家事は分担して行っています。

妻が産休・育休のころは、初めての子育てをしながら妻がすべての家事をやってくれていましたが（今考えると頭が上がりません）、現在は私が基本的に買い物、食材管理から調理、後片づけまで、「食事」にまつわるすべての家事を担っています。

私は、自分が担当する家事の中で「献立を立てる」ことが、一番の重労働ではないかと思っています。献立さえ決まってしまえば、後はあれこれ考えずに調理をすればいいだけなので、ある意味ラクなのです。

私はいわゆる「面倒なことは先にやってしまう」タイプなので、冷蔵庫

娘は料理が大好き。休日は2人で料理することも多いです。

にあるものを考慮しながら、週のはじめに1週間分（少なくとも平日分）の献立を一気に立ててしまいます。そうすれば時間の短縮になりますし、買い足さないといけない食材なんかも一目瞭然になり、限られた時間を有効活用できると思っています。献立が全然思い浮かばなくて、めちゃくちゃ時間がかかるときもありますが……（笑）。
　仕事の帰りにスーパーに立ち寄る日は帰宅時間が遅くなるので、週に1～2回は確実に「#在宅楽飯」な夕食が提供されるわが家。そんなときは、ストックしてある調味料と、買い置きのチルド・冷凍食品が役に立ちます。
　いろいろな調味料があれば、焼きそばやチャーハンなどの定番料理も目新しい味つけにできますし、チルド・冷凍食品は手軽に副菜として食卓へ出すことができる。昔は「何もかも手作りで、なおかつこだわって作らないといけない！」という謎の強迫観念がありましたが、今は何かまあ、丸くなったと思います。いろんな意味で（笑）。
　在宅楽飯のタグを作ったころは、まさに世界中が自粛期間。わが家でも娘の小学校はずっと休校でしたし、妻は在宅ワークに切り替わりました。

キッチンは私の身長に合わせて特注したので、娘はまだ台が必要です。

わが家の切らしてはいけない調味料いろいろ。

家族全員の生活状況が激変し、ストレスフルな日々を過ごす中、私が家族のためにできることといえば「食事」に「楽しみ」を付け加えることぐらいしかないと思ったんですね。ありものの食材だけどテラスでバーベキューにしてみたり、娘と一緒に簡単なケーキを焼いてみたり。まぁどれくらい喜んでくれたのかは不明ですが、やって良かったなと思っています。

そんな背景もあり、私が考案する「#在宅楽飯」のメニューは、小さなお子様と一緒に作れるものや、お子様が好みそうな味のものが多いかもしれません。

「自分は楽だけど、家族は喜んでくれる」。これが私の在宅楽飯のテーマかなと思います。

わが家では料理によって、パウダータイプの白こしょう（テーブルコショー）と、挽いて使う黒こしょうを使い分けています。黒こしょうは洋食に、白こしょうはそれ以外の料理に使うことが多く、両方使用することもあります。

娘が考えた在宅楽飯のゆるキャラ「楽飯カードマン」です（笑）。

# 丼 | 2

丼

さっぱり

# ねぎ塩しらす丼

「ごま油としらすって合うよなぁ」と思い、作り始めたのがこの丼。しらす丼が大好きなわが家ではしょうゆ派とポン酢派に分かれていたのですが、最近はねぎ塩派の勢力が強まっています（笑）。

### 材料（2人分）

- ご飯……茶碗2 1/2杯分
- 釜揚げしらす……100g
- 卵黄……2個
- 塩……ふたつまみ
- 白いりごま……大さじ1

A
- ごま油……小さじ2
- 万能ねぎ（小口切り）……適量
- コチュジャン……少々

### 作り方

1 器にご飯を盛り、塩と白ごまをふりかける。

2 しらすと卵黄をのせ、Aをトッピングする。

ぐっち作

# 冷奴丼

熱々ご飯と冷奴の組み合わせが意外なおいしさです。まずは別々に食べ、途中で冷奴を崩してご飯と混ぜながら食べてみて。薬味ミックスは多めに作っておくとそうめんなどでも大活躍！

**材料**（2人分）

- ご飯……茶碗$2\frac{1}{2}$杯分
- 絹ごし豆腐……1丁（300g）
- 大葉……5枚
- 万能ねぎ……3本
- みょうが……2個
- 削り節……3g
- おろししょうが……小さじ1
- しょうゆ……適量

**作り方**

**1** 大葉はせん切り、万能ねぎは小口切り、みょうがは縦半分に切ってから細く切り、ボウルに入れて混ぜ合わせる。

**2** 器にご飯を盛り、半分に切った豆腐をのせる。削り節を散らし、**1**の薬味ミックスをこんもりとのせ、しょうがを添える。食べるときにしょうゆをかける。

丼
さっぱり

かおし作

# 明太とろ丼

長芋はすりおろさずにポリ袋の中でたたくことで時短になり、手も汚れません。粗めにつぶしたほうが食感を楽しめます。

**材料**（2人分）

- ご飯……茶碗2 1/2杯分
- 長芋……150g
- 明太子……1本（1/2腹）
- かいわれ……適量
- きざみ海苔……適量
- めんつゆ（2倍濃縮）……大さじ1

**作り方**

1. 長芋は皮をむいて適当な大きさに切り、ポリ袋に入れて麺棒などでたたいて粗くつぶす。
2. 器にご飯を盛り、長芋、明太子、かいわれ、きざみ海苔をのせ、めんつゆをかける。

丼
さっぱり

ぐっち作

# サラダ寿司

マヨネーズと酢飯の相性は抜群。食欲がない日でも食べやすいさっぱりとした味です。手巻き寿司のように海苔で巻いて食べるのもおすすめ。

**材料**（2人分）

- ご飯……茶碗$2\frac{1}{2}$杯分
- ツナ……1缶（70g）
- むきえび……70g
- 卵……2個
- きゅうり……適量
- ブロッコリースプラウト……2パック
- マヨネーズ（飾り用）……大さじ1

**A**
- 酢……60ml
- 砂糖……大さじ1
- 塩……小さじ1

**B**
- マヨネーズ……大さじ1
- 黒こしょう……適量

**作り方**

1. 酢飯を作る。小鍋にAを入れて弱火にかけ、しっかり溶かしたら、ご飯に振りかけ、しゃもじで切るように混ぜる。
2. ツナは油をきり、Bを混ぜる。むきえびはゆでる。卵は溶いて厚めの卵焼きを作り、小さく切る。きゅうりはピーラーでスライスしてクルクルと巻く。
3. 器に1の酢飯をよそい、具をのせる。飾り用のマヨネーズをポリ袋に入れ、袋の角を少し切って細く絞り出す。

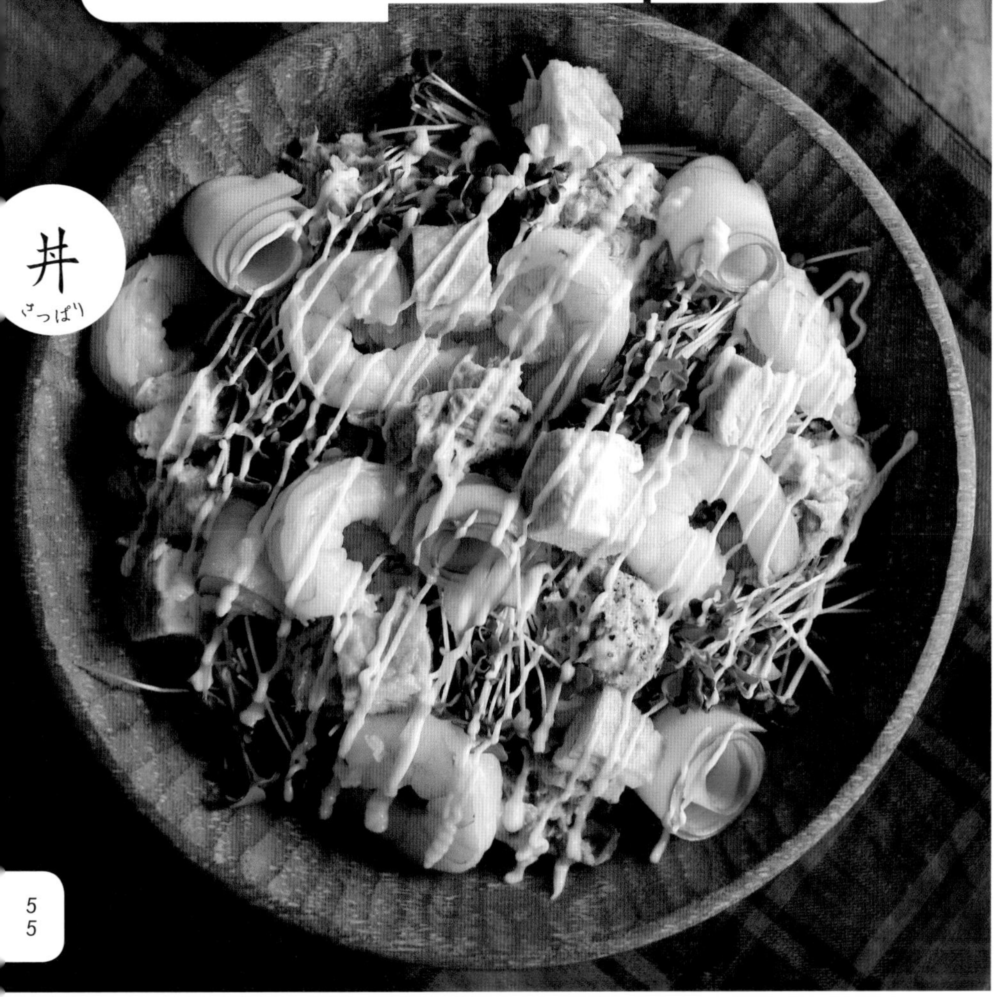

丼
さっぱり

かおし作

# アボカド納豆丼

そのままでもおいしい梅干し、アボカド、納豆の鉄板の組み合わせ。混ぜ合わせるとき、アボカドの角が丸くなるくらい崩すのがポイントです。

**材料**（2人分）

- ・ご飯……茶碗$2\frac{1}{2}$杯分
- ・アボカド……1個
- ・納豆……2パック（タレも使用）
- ・梅干し……3個
- ・大葉……2枚

**A**
- ・しょうゆ……小さじ2
- ・ごま油……小さじ2

**作り方**

**1** アボカドは半分にくるりと切り込みを入れ、実をねじりながら2つに分ける。種を取って皮をむき、小さめの角切りにする。納豆はタレを混ぜておく。梅干しは種を取り、包丁でたたく。

**2** ボウルにアボカド、納豆、梅干しを入れ、**A**を加えて混ぜる。

**3** 器にご飯を盛り、**2**をのせて大葉を散らす。

ウエキ作

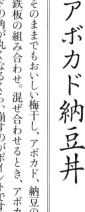

# 豚しゃぶ梅とろろ丼

豚肉はロースでもバラでもＯＫですが、しゃぶしゃぶ用の薄いものを使います。レンジ加熱後、盛りつけ直前までラップしたまま置いておくとパサつきません。めんつゆの分量はお好みで加減を。

**材料**（2人分）

- ご飯……茶碗2 $\frac{1}{2}$杯分
- 豚肉（しゃぶしゃぶ用）……150g
- オクラ……1袋
- 長芋……200g
- 酒……大さじ2

**A**
- 梅干し……1個
- 削り節……3g
- めんつゆ（2倍濃縮）……小さじ1

**作り方**

1 豚肉は食べやすい大きさに切って耐熱容器に入れ、酒をふりかけてラップをし、電子レンジ（600W）で2分加熱する。一度取り出して全体を混ぜ、ラップをしてさらに1分加熱する。盛りつけ前までそのまま置いておく。

2 オクラは洗って耐熱皿にのせ、ラップをせずレンジで1分加熱する。取り出して小口切りにする。梅干しは種を取って包丁でたたく。

3 長芋は皮をむいて適当な大きさに切り、ポリ袋に入れて麺棒などでたたいて粗くつぶす。ボウルに入れ、オクラ、**A**を加えてよく混ぜる。

4 器にご飯を盛って豚肉をのせ、**3**をかける。

かおし作

# ベーコンエッグ丼

シンプルイズベスト。目玉焼きはたっぷりの油でふちがカリッとなるように、黄身は下から4分の1くらいまで火が通るように焼くとおいしいです。

**材料**（2人分）

- ご飯……茶碗2 1/2杯分
- ベーコン……4枚
- 卵……2個
- サラダ油……大さじ2

**A**
- マヨネーズ……大さじ1
- ラー油……小さじ2
- しょうゆ……少々
- 塩……少々
- こしょう……少々
- 万能ねぎ（小口切り）……適量

**作り方**

**1** フライパンに油をひき、ベーコンをカリッと焼く。同じフライパンで目玉焼きを作る。

**2** 器にご飯を盛ってベーコンと目玉焼きをのせ、**A**をかける。

ぐっち作

# 絶品ダレのなす丼

お肉がなくても十分おいしいなすがメインの丼。なすは多めの油で焼きます。片栗粉の量を増やせばタレを吸ってよりジューシーに。タレは多めに作ってご飯にかけても。

**材料**（2人分）

- ご飯……茶碗$2\frac{1}{2}$杯分
- なす……2本
- 片栗粉……大さじ1
- サラダ油……大さじ3
- 大葉……適量
- みょうが（あれば）……適量
- 白いりごま……適量

**A**
- しょうゆ……大さじ2
- みりん……大さじ2

**作り方**

1. なすは5mm幅に切る。大葉とみょうがはせん切りにする。ポリ袋に片栗粉となすを入れ、よく混ぜる。
2. フライパンに油を熱し、ナスに焼き色がつくまで両面焼き、弱火にして**A**を加えてよく絡める。
3. 器にご飯を盛り、**2**をのせて大葉とみょうがを添え、白ごまをふる。

丼 がっつり

ウエキ作

# 豚と青菜の塩昆布炒め丼

塩昆布を使った炒め物は、旨味たっぷりでご飯によく合います。味は少し濃いめなので、ポン酢の量は味見しながら調節してください。小松菜はチンゲン菜や水菜に代えても。

**材料**（2人分）

- ご飯……茶碗2 1/2杯分
- 豚バラ薄切り肉……150g
- 小松菜……1/2袋
- パプリカ……1/2個
- ごま油……大さじ1

**A**
- 塩昆布……15g
- ポン酢……大さじ1
- みりん……大さじ1
- 白いりごま……大さじ1

**作り方**

1. 豚肉は4cm幅に切る。小松菜は5cm長さに切る。パプリカは縦に8等分する。
2. フライパンにごま油を熱し、豚肉を炒める。色が変わったら小松菜とパプリカを加えてさらに炒め、しんなりしたら**A**を混ぜ合わせて加えて少し火を強め、混ぜながらさっと炒める。
3. 器にご飯を盛り、**2**をのせる。

かおし作

# 豚すき丼

木綿豆腐と糸こんにゃくでヘルシー度アップ！ 豆腐から出る水分量と味をみながら、しょうゆの量を加減してください。牛薄切り肉で作っても、もちろんおいしいです。

**材料**（2人分）

- ご飯……茶碗2 1/2杯分
- 豚こま切れ肉……100g
- 木綿豆腐……1/2丁（150g）
- 長ねぎ……30cm
- 糸こんにゃく……1袋（200g）
- サラダ油……小さじ1

**A**
- めんつゆ（2倍濃縮）……100ml
- しょうゆ……大さじ1/2
- 砂糖……小さじ1
- 水……30ml

**B**
- 卵黄……2個
- 三つ葉……適量
- 七味唐辛子……適量

**作り方**

1 豚肉は食べやすい大きさに切る。ねぎは斜め薄切りにする。糸こんにゃくは洗って3cm長さに切る。

2 深めのフライパンにサラダ油を熱して豚肉を炒め、焼き色がついたらねぎと糸こんにゃく、豆腐を崩しながら入れ、**A**を加える。好みの濃さになるまで（やや水分が残っているくらい）煮詰める。

3 器にご飯を盛って**2**をのせ、**B**をのせる。

丼 がっつり

ぐっち作

# 麻婆豆腐丼

麻婆豆腐を簡単丼にアレンジしました。麻婆豆腐はとろみがポイント。丼に盛ったとき、ご飯に汁がじんわり染み込むくらいが◎。

**材料**（2人分）

- ご飯……茶碗$2\frac{1}{2}$杯分
- 木綿豆腐……1丁（300g）
- 豚ひき肉……150g
- サラダ油……大さじ1
- 片栗粉……小さじ2（同量の水で溶いておく）
- 万能ねぎ（小口切り）……適量
- 黒こしょう……適量

**A**
- 豆板醤……小さじ1
- みそ……大さじ1強
- 酒……大さじ2
- 水……200ml

**作り方**

1. 豆腐は食べやすい大きさに切る。
2. フライパンに油を熱し、豚ひき肉を炒める。色が変わったら**A**を加えて混ぜ、豆腐を入れて4～5分煮る。
3. 火を止めて水溶き片栗粉をまわし入れ、再び火にかけてとろみがつくまでよく混ぜる。黒こしょうをふる。
4. 器にご飯を盛り、**3**をのせてを万能ねぎを散らす。

丼

がっつり

ウエキ作

# 豚のしょうが焼き丼

めんつゆを使えば、あっという間にしっかり味の豚のしょうが焼きが完成！ しょうがチューブの場合は3cm程度が目安です。お弁当にも。

**材料**（2人分）
- ご飯……茶碗$2\frac{1}{2}$杯分
- 豚ロース薄切り肉……180g
- キャベツ……$\frac{1}{8}$個
- マヨネーズ……適量
- 七味唐辛子……適量

**A**
- めんつゆ（2倍濃縮）……50ml
- みりん……大さじ1
- おろししょうが……小さじ2

**作り方**

1. キャベツはせん切りにする。ボウルに**A**を混ぜ合わせ、豚肉に絡める。
2. フライパンに肉を並べて火にかけ、両面に焼き色がついたら漬け汁を加えて水分がなくなるまで弱火で炒める。
3. 器にご飯を盛り、キャベツと豚肉をのせ、好みでマヨネーズと七味唐辛子を添える。

ぐっち作

# 豚トロと大葉のガパオライス

ナンプラーがなくてもできるガパオライス。豚トロを使うことで食べ応えアップ。豚トロはひき肉（鶏肉か豚肉）に代えてもおいしく作れます。大葉は加熱するとビックリするくらい縮むのでたっぷりと。レシピより多めに入れても大丈夫です。

丼
がっつり

## 作り方

1 豚トロは1cm幅に切る。玉ねぎとパプリカは縦半分に切ってから5mm幅に切る。大葉は大きめにちぎる。にんにくはみじん切りにする。赤唐辛子は種を取って輪切りにする。小さなボウルに**A**を混ぜておく。

2 フライパンににんにく、赤唐辛子、ごま油入れて中弱火にかける。香りが立ったら少し火を強めて玉ねぎを入れて炒め、豚トロを加えて肉の色が変わるまで炒める。

3 パプリカを加えてしんなりするまで炒め、**A**の調味料を入れる。火を強めて水分が半分くらいになるまで炒めたら、大葉を加え、全体をざっと混ぜて火を止める。

4 器にご飯と**3**を盛り、フライパンをさっと拭き、油（分量外）を熱して目玉焼きを作る。目玉焼きをご飯にのせる。

## 材料（2人分）

- ご飯……茶碗2½杯分
- 豚トロ……250g
- 玉ねぎ……1個
- パプリカ……1個
- 大葉……20枚くらい
- にんにく……2かけ
- 赤唐辛子……1～2本（お好みで）
- ごま油……大さじ1
- 卵……2個

**A**
- 薄口しょうゆ……大さじ1½
- オイスターソース……小さじ2
- レモン汁……大さじ1
- みりん……大さじ1½
- 砂糖……小さじ1
- 塩……1つまみ
- 黒こしょう……適量

かおし作

# 厚揚げとチンゲン菜のオイバタ丼

バターとオイスターソースはよく合うんです！　男子高校生が好きそうなコクうま味。お弁当のおかずにも、お酒のおつまみにも。

**材料**（２人分）

- ご飯……茶碗$2\frac{1}{2}$杯分
- 厚揚げ……１枚（130g）
- チンゲン菜……１株（100g）
- まいたけ……30g
- バター……10g
- 七味唐辛子……適量

**A**
- オイスターソース……大さじ$\frac{1}{2}$
- しょうゆ……小さじ１
- 酒……大さじ１

**作り方**

1. 厚揚げとチンゲン菜は食べやすい大きさに切る。まいたけは小房に分ける。
2. フライパンにバターを温め、**1**を入れて焼き目がつくように焼く。**A**を加え、汁気がなくなるまで炒める。
3. 器にご飯を盛って**2**をのせ、七味唐辛子をふる。

丼
がっつり

ぐっち作

# チーズとろける ウインナー丼

ウインナーとチーズのカリカリ感がおいしい丼。チーズが溶けやすくなるようにフタをしますが、チーズが焦げてきたらフタをあけて混ぜてください。カリッと仕上げます。

**材料**（2人分）

- ご飯……茶碗$2\frac{1}{2}$杯分
- ウインナー……6本
- ピザ用チーズ……70g
- サラダ油……大さじ1
- 黒こしょう……適量

**A**
- しょうゆ……小さじ2
- マスタード……小さじ2

**作り方**

**1** ウインナーを斜めに4等分する。

**2** フライパンに油をひいてウインナーを炒め、ピザ用チーズと**A**を加えてさっと混ぜ、フタをして1分半ほど焼く。

**3** 器にご飯を盛って**2**をのせ、黒こしょうをふる。

丼
がっつり



ウエキ作

# カニカマ天津飯《てんしんはん》

すぐに作れる関西風の天津飯。しょうゆベースのあんと、トロトロの卵が後を引くおいしさです。お好みでお酢やラー油をかけるのもおすすめ。

**材料**（2人分）

- ご飯……茶碗$2\frac{1}{2}$杯分
- カニカマ……100g
- 卵……4個
- ごま油……大さじ2
- 片栗粉……大さじ1（同量の水で溶いておく）
- 万能ねぎ（小口切り）……適量

**A**
- 鶏がらスープの素……小さじ1
- しょうゆ……大さじ1
- 酒……大さじ1
- 塩……少々
- 水……300ml

**作り方**

1. 鍋にAを入れて煮立たせたら火を弱め、水溶き片栗粉を加えてよく混ぜ、とろみをつける。火を止め、万能ねぎを加える。
2. 卵とほぐしたカニカマを混ぜ合わせ、ごま油を熱したフライパンで半熟に焼く。
3. 器にご飯を盛って2をのせ、1をかける。

丼
がっつり

ぐっち作

# キムちく丼

火は使わずに混ぜるだけ。調理時間は3分です。キムチ好きはぜひ作ってみてください。

**材料**（2人分）

- ご飯……茶碗$2\frac{1}{2}$杯分
- ちくわ（細め）……4本
- キムチ……130g
- 万能ねぎ（小口切り）……適量

**A**
- ごま油……大さじ1
- しょうゆ……小さじ2
- 白いりごま……大さじ1

**作り方**

**1** ちくわを小さめの乱切りにする。

**2** キムチとちくわ、**A**を混ぜ合わせる。

**3** 器にご飯を盛り、**2**をのせて万能ねぎを散らす。

丼 がっつり

ウエキ作

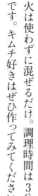

column

# 私の在宅楽飯

## かおし編

外食がしづらい状況になっている今、日々の料理に疲れてしまっている人も多いと聞きます。「#在宅楽飯」というハッシュタグの「楽」という文字には、〝楽チン〟という意味はもちろんですが〝楽しい〟という思いも込めました。ラクに楽しく料理ができ、作った人も食べる人も楽しい食卓であったらいいなと。そんなふうに考えたハッシュタグなので、たくさんの方々の楽しい食卓の役に立ってもらえるといいなと思います。

ラクに楽しくごはんを作るために私がやっていることは、便利に使えて味が決まりやすい食材や調味料をいくつか持っておくことです。この本にもたびたび登場しますが、私の必殺アイテムは「ごま油」「削り節（かつお節）」「なめたけ」「ポン酢」です。これらは、

お気に入りのごま油3種。右から台湾に行ったときに買った信成油廠の芝蔴香油、山田製油のごま油、太白ごま油。

山田製油の「ごまらぁ油」も超おすすめ。餃子のタレやあえ物に。

削り節は小袋のものを。糸状に削ってある細かいタイプは、おひたしや焼きなすの仕上げに。

切らしてしまうと不安になるくらい、私のごはん作りに欠かせないものです。

ごま油は炒め物にもあえ物にも使えるので、1本だけ持っておくなら香りが強めのものがおすすめです。お気に入りは、京都にある山田製油さんの一番絞り「ごま油」。添加物を一切使わずに一度だけ丁寧に絞ったごま油です。ゆでた青菜に少しの塩とごま油を絡めるだけでもおいしいです。熱々のご飯に混ぜておにぎりにするのも好きな食べ方です。

削り節はたくさん使うので、スーパーで売っているものをあまりこだわりなく購入しています。香りが大切なので、コスパ的には大袋に入っているものがお得だとわかっていても、小袋に分けてある個包装タイプを選んでいます。炒め物や焼きそばなどを作っていて、水分が少し多いかなと感じたときなど、最後にかつお節を加えて吸わせながら混ぜると、水分の調整ができるだけでなく、香りも旨味もプラスされておいしくなります。

なめたけは、しょうゆの代わりに使うことが多いです。具材と調味料を兼ねているので、卵かけご飯やパスタに加えて味つけしたり、冷奴や大根おろ

column

しにトッピングしたり、本当に便利。
この本でも紹介している「なめたけと三つ葉の卵焼き」（118ページ）は、食べた人に「味つけ教えて」と聞かれることの多い一品です。
　ポン酢も欠かせない調味料の一つ。わが家ではしょうゆよりもたくさん消費します。鍋料理にはゆずなどの果汁が多く入ったちょっと高級なタイプのものを使いますが、それとは別に普段の料理ではミツカンの「味ぽん」を使っています。しょうゆと置き換えることで、煮物や炒め物などがさっぱりとした味わいに。ポン酢とマヨネーズと削り節を混ぜたあえ衣でゆでた野菜などをあえる「おかかマヨポンあえ」は私の定番の副菜です。
　ほかにも、塩昆布や焼き肉のタレ、梅干しなど、お助けアイテムがいくつかあります。こういったアイテムを活用しながら、手間は省いてもおいしいごはんになるように工夫することで、ラクで楽しい食卓ができると思っています。

ポン酢は予備も含めて何種類かストック。お気に入りは倉敷味工房の「塩ぽんず」。豚しゃぶにかけるとお肉の甘みが際立ちます。

# 飯 3

# 塩鮭と炒り卵の混ぜご飯

塩鮭は鮭フレークでもOK。塩の量は鮭の塩分量に応じて調節してください。三つ葉の風味がアクセントになるので、お好きな方はぜひどっさりと！

**材料（2人分）**

- ご飯……茶碗2½杯分
- 塩鮭（甘塩）……1切れ
- 三つ葉……¼束
- サラダ油……大さじ½

**A**
- 卵……1個
- 塩こしょう……少々

**B**
- 塩……2つまみ
- ごま油……小さじ½
- 白いりごま……大さじ½

**作り方**

1. 魚焼きグリルで塩鮭を焼き、骨を取ってほぐしておく。三つ葉は1cm長さに切る。
2. **A**を混ぜ合わせ、油を熱したフライパンに流し入れて炒り卵を作る。
3. ボウルにご飯と**1**と**2**、**B**を入れて混ぜ合わせる。

ぐっち作

# 焦がししょうゆのレタちくチャーハン

フライパンの空いたスペースにしょうゆを入れ、ブクブクと焦がすことで、香ばしいチャーハンが作れます。

**材料**（2人分）

- ご飯……茶碗$2\frac{1}{2}$杯分
- ちくわ（細め）……4本
- レタス……$\frac{1}{8}$個
- 長ねぎ……15cm
- ごま油……大さじ2
- しょうゆ……大さじ1
- 塩……ひとつまみ
- 万能ねぎ……適量

**作り方**

1. ちくわは5mm幅の小口切りにする。長ねぎはみじん切りにする。レタスは手でちぎる。
2. フライパンに油を熱し、長ねぎを入れて炒め、ちくわを加えてこんがり色づくまで炒める。ご飯を加えて塩をふり、切るように混ぜ合わせる。
3. フライパンの中身を端に寄せて空きを作り、その部分にしょうゆを入れ、フライパンを斜めに傾けてしょうゆの下に火が当たるようにし、30秒くらいブクブクと焦がしてから全体を炒め合わせる。
4. レタスを加えてさっくりと混ぜ、器に盛る。万能ねぎを散らす。

ウエキ作

# ベーコンとじゃがいものカレーチャーハン

カレー味の料理のポイントは塩加減。しょうゆではなく、塩で味を決めていきます。ベーコンが入るので旨味もバッチリ!

**材料**（2人分）

- ・ご飯……茶碗$2\frac{1}{2}$杯分
- ・ベーコン……150g
- ・じゃがいも……大1個
- ・サラダ油……大さじ1
- ・カレー粉……小さじ1
- ・塩……ひとつまみ
- ・黒こしょう……適量
- ・パセリ（あれば）……適量

**作り方**

1. ベーコンを1cm幅に切る。じゃがいもは一口大に切る。耐熱容器にじゃがいもを入れ、ラップをして電子レンジ（600W）で2分加熱する。
2. フライパンに油をひいてじゃがいもとベーコンを炒める。
3. ご飯、カレー粉、塩を加えて炒めたら、器に盛り、黒こしょうとパセリを散らす。

ウエキ作

# しらすとしば漬けのチャーハン

しば漬けとしらすに塩気があるので、味見をしてから塩分の調整を。味つけに酢を加えることでさっぱりとした後味になります。

**材料**（2人分）

- ご飯……茶碗2$\frac{1}{2}$杯分
- 卵……2個
- 釜揚げしらす……40g
- しば漬け……40g
- 三つ葉……$\frac{1}{2}$束
- ごま油……大さじ2
- 塩……適量

**A**
- 和風顆粒だし……小さじ1
- しょうゆ……大さじ1
- 酢……大さじ1
- 黒こしょう……適量

**作り方**

1. しば漬けは粗みじん切りにする。三つ葉は根元を切り落として1.5cm長さに切る。卵を溶き、ご飯とよく混ぜておく。
2. フライパンにごま油を熱し、卵を混ぜたご飯を入れてパラパラになるまで炒める。しば漬け、しらす、三つ葉を加えて軽く炒め、**A**を混ぜ合わせて鍋肌から加える。全体を混ぜるように炒め、塩で味をととのえる。

かおし作

# 餃子風チャーハン

餃子の材料で作る食べ応えのあるチャーハンです。調味料を入れた後は火を強めて、ほんの少し焦がすくらいまで炒めると香ばしくておいしいです。

かおし作

材料（2人分）

- ・ご飯……茶碗2 1/2杯分
- ・卵……2個
- ・豚ひき肉……100g
- ・キャベツ……1〜2枚（100g）
- ・長ねぎ……20cm
- ・にら……1/2束
- ・にんにく……2かけ
- ・ごま油……大さじ1

A
- ・鶏がらスープの素……小さじ1
- ・しょうゆ……大さじ1
- ・酒……小さじ1
- ・みりん……小さじ1
- ・酢……小さじ1
- ・ラー油……小さじ1/2
- ・塩……小さじ1/3
- ・黒こしょう……適量

作り方

1 キャベツ、長ねぎ、にんにくはみじん切りにする。にらは5mm長さに切る。卵を溶き、ごはんとよく混ぜておく。

2 フライパンににんにくとごま油を入れて弱火にかけ、香りが立ったら豚ひき肉を入れて炒める。豚肉が色づいたら、キャベツ、長ねぎ、にらを加える。野菜がしんなりしたら、卵を混ぜたご飯を入れ、全体を混ぜながら炒める。

3 **A**を混ぜ合わせて**2**にまわし入れ、火を少し強めて軽く炒める。

# なすとズッキーニのコーンピラフ風

ピラフは本来フライパンでお米から作る料理ですが、今回は炊いたご飯を使ってピラフ風に。強火にせず、じっくり炒めたほうがキレイな色に仕上がります。

**材料**（2人分）

- ご飯……茶碗2 1/2杯分
- なす……1/2本
- ズッキーニ……1/2本
- コーン……1缶（200g）
- バター……30g
- コンソメ……5g（固形1個分）
- 塩……ひとつまみ
- パセリ……適量

**作り方**

1. なすとズッキーニは縦に4等分し、5mm幅に切る。コーンは水気をきっておく。
2. フライパンにバター10gを入れ、なすとズッキーニを炒める。炒めている間に耐熱ボウルにご飯とバター20gを入れ、電子レンジ（600W）で2分加熱し、よく混ぜ合わせる。
3. フライパンにご飯、コーン、コンソメ、塩を加えてさっと炒める。器に盛り、刻んだパセリを散らす。お好みでバターをのせてもよい。

飯《チャーハン》

ウエキ作

# 親子チャーハン

玉ねぎとめんつゆの甘味は、子どもが大好きな味。親子丼風のやさしい味つけです。大人は七味唐辛子をたっぷりかけるのもおすすめ。

**材料**（2人分）

- ご飯……茶碗$2\frac{1}{2}$杯分
- 卵……2個
- 酒……大さじ$1\frac{1}{2}$
- サラダ油……大さじ3
- 万能ねぎ（小口切り）……適量

**A**
- 鶏ひき肉……80g
- 玉ねぎ……$\frac{1}{2}$個
- おろししょうが……小さじ1

**B**
- めんつゆ（2倍濃縮）……大さじ4
- しょうゆ……大さじ$\frac{1}{2}$

**作り方**

1. 玉ねぎはみじん切りにする。卵は溶いてサラダ油大さじ1を熱したフライパンで半熟に焼き、取り出す。
2. フライパンにサラダ油大さじ2を熱してAを炒め、火が通ったらご飯と酒を加えて炒める。
3. 卵とBを加えてさっと炒めて器に盛り、万能ねぎを散らす。

ぐっち作

# あんかけ焼きTKG《たまごかけごはん》

材料は卵かけご飯ですが、焼くことで香ばしさが加わりまた違ったおいしさに。具材に漬け物やチーズ、紅しょうがなどを加えても◎。

**材料**（2人分）

**A** ・ご飯……茶碗2杯分
・卵……2個
・ひきわり納豆……1パック
・万能ねぎ（小口切り）……3本
・塩昆布……10g
・削り節……3g

**B** ・めんつゆ（2倍濃縮）……50ml
・水……50ml
・片栗粉……小さじ1

・ごま油……小さじ2

**作り方**

**1** 大きめのボウルに**A**を入れ、よく混ぜる。ボウルの中で4等分しておく。

**2** フライパンにごま油小さじ1を熱し、**1**で4等分したうちの2つ分を丸く広げて中火で焼く。こんがりと焼けたら裏返して焼く。同様に残りの2つ分も焼き、皿に盛る。

**3** フライパンに**B**を入れて弱火で加熱しながらよく混ぜ、とろみがついたら**2**にかける。

飯
焼き飯

かおし作

# 焼きたらこと三つ葉のオイルおにぎり

具だくさんのおにぎりは、おかずがなくても満足できるので、朝食や置き弁にもぴったり。ご飯にごま油を混ぜておくことで、時間がたってもパサつきません。

**材料**（4個分）

- ご飯……茶碗2杯分
- たらこ……2本（1腹）
- 三つ葉……1/2束
- ごま油……小さじ2
- 白いりごま……小さじ1
- 塩……少々

**作り方**

1. たらこをアルミホイルで包み、魚焼きグリルでこんがり焼く。ホイルを開けて冷まし、適当な大きさに切る。三つ葉は根元を切り落として1.5cm長さに切る。
2. ご飯にごま油、白ごま、塩を混ぜる。焼きたらこと三つ葉も混ぜて、おにぎりを作る。

かおし作

# 牛肉と大葉の包みおにぎり

ご飯は小さめの俵型ににぎってください。牛肉と大葉の風味がよく合うごちそうおにぎりです。お弁当にも。

**材料**（6個分）

- ・ご飯……茶碗2杯分
- ・牛薄切り肉……200g（12枚）
- ・大葉……6枚
- ・サラダ油……大さじ1
- ・白いりごま……適量

**A**
- ・しょうゆ……大さじ2
- ・みりん……大さじ2

**作り方**

1. ご飯を6等分して俵型のおにぎりを作り、牛肉を2枚ずつ、縦横十字になるように巻きつける。
2. フライパンに油をひき、**1**を牛肉に火が通るように転がしながら焼く。**A**を加え、火を強めてタレを絡める。
3. 大葉を巻いて器に盛り、白ごまを散らす。

ウエキ作

飯

おにぎり

# しば漬けとチーズがゴロゴロおにぎり

チーズと漬け物は発酵食品どうしでよく合います。しば漬けの代わりにたくあんやきゅうりのしょうゆ漬け、しょうがの甘酢漬けなどでもおいしい。

ぐっち作

**材料（4個分）**

- ご飯……茶碗$2\frac{1}{2}$杯分
- 白いりごま……適量
- 削り節……適量

**A**
- しば漬け……40g
- プロセスチーズ……30g
- 塩……小さじ$\frac{1}{4}$
- ごま油……小さじ$\frac{1}{2}$

**作り方**

1. しば漬けとプロセスチーズは5mm角ほどの大きさに切る。
2. ご飯にAを混ぜ込んでおにぎりを作り、白ごまと削り節を散らす。

# 刻みブロッコリーのツナおにぎり

ツナおにぎりに合わせる具材はブロッコリーがおいしいです。しっかり水気をきり、水っぽさを残さないようにするのがポイント。

**材料（4個分）**

・ご飯……茶碗2杯分
・ツナ……1缶（70g）
・ブロッコリー……1/4個
・大葉……適量
**A** ・白いりごま……小さじ2
・しょうゆ……小さじ2
・塩……少々

**作り方**

1 ブロッコリーは小房に分け、ゆでて水気をきり、小さめに切る。大葉は細切りにする。ツナは油をきっておく。
2 大きめのボウルにツナ、ブロッコリー、**A**を入れて混ぜ、ご飯を入れてよく混ぜ合わせる。
3 おにぎりを作り、大葉をのせる。

ウエキ作

# 鮭ときのこの炊き込みご飯

炊き込みご飯は実は簡単料理。作業時間は10分ほど、あとは炊飯器におまかせです。鮭とバター、きのこの黄金の組み合わせは間違いないおいしさです。

**材料**(作りやすい分量)

- ・米……2合
- ・しめじ……1パック
- ・塩鮭(甘口)……2切れ
- ・大葉……適量
- ・バター……適量

**A**
- ・しょうゆ……大さじ2
- ・酒……大さじ2
- ・みりん……小さじ2
- ・バター……10g

**作り方**

1. 米は洗って水気をきっておく。しめじは石づきを切り落として小房に分ける。鮭は骨部分を取り除く。
2. 炊飯器の内釜に米と**A**を入れ、水を2合の目盛りまで加えて混ぜる。しめじ、鮭をのせて炊飯する。
3. 炊きあがったら鮭をほぐしてよく混ぜる。器に盛り、お好みで大葉やバターを添える。

ウエキ作

# カオマンガイ風チキンご飯

炊飯器で作る簡単カオマンガイ。ご飯も鶏肉も旨味たっぷり。きゅうりやトマトを添えれば、ワンプレートのごちそう飯に。

**材料**（作りやすい分量）

・米……2合
・鶏もも肉……1枚
・パクチー……適量

**A**
・しょうが……1かけ
・しょうゆ……大さじ2
・ごま油……大さじ1

**B**
・しょうゆ……大さじ1
・砂糖……小さじ1
・レモン汁……大さじ1
・おろししょうが……小さじ$\frac{1}{4}$
・おろしにんにく……小さじ$\frac{1}{2}$

**作り方**

1. 米は洗って水気をきっておく。鶏もも肉にフォークで数か所穴をあけ、塩少々（分量外）をふり、酒大さじ1（分量外）をふりかけておく。しょうが1かけは細切りにする。
2. 炊飯器の内釜に米と**A**を入れ、水を2合の目盛りまで加えて混ぜる。鶏肉をのせて炊飯する。
3. 炊きあがったら鶏肉を取り出して2cm幅に切り、ご飯と一緒に皿に盛る。**B**を混ぜ合わせたタレをかけ、お好みでパクチーを添える。

飯
炊き込み

ウエキ作

# さば缶炊き込みご飯

針しょうがと一緒に食べるのがこの料理の一番のポイント。妻は魚がそんなに得意ではないのですが、これならたくさん食べてくれます。

**材料**(作りやすい分量)

- 米……2合
- さばの水煮……1缶(160g)
- しょうが……2かけ
- 三つ葉……適量

A
- 和風顆粒だし……小さじ1
- 酒……大さじ2
- しょうゆ……大さじ1 1/2
- 塩……少々

**作り方**

1. 米は洗って水気をきっておく。しょうがは1かけ分は輪切りに、もう1かけ分は棒状に細く切る(針しょうが)。
2. 炊飯器の内釜に米、さばの缶汁、Aを入れ、水を2合の目盛りまで加えて混ぜる。さばと輪切りにしたしょうがをのせて炊飯する。
3. 炊きあがったら器に盛り、針しょうがと三つ葉をのせる。

ぐっち作

# 炊き込み焼き肉ご飯

コチュジャンでピリッとさせたり、キムチで酸味を加えたり、お好みでアレンジしてみてください。韓国海苔で巻いて食べてもおいしいです。

**材料**（作りやすい分量）

・米……2合
・牛こま切れ肉……150g
・しめじ……1/2パック
・にんじん……1/2本
・豆もやし……1/2袋
・にら……1/2束
・ごま油……小さじ2
・白いりごま……大さじ1
**A** ・焼き肉のタレ……大さじ5
・酒……大さじ1

**作り方**

**1** 米は洗って水気をきっておく。しめじは石づきを切り落として小房に分ける。にんじんは細切りにする。にらは3cm長さに切る。牛肉は食べやすい大きさに切る。

**2** 炊飯器の内釜に米と**A**を入れ、水を2合の目盛りまで加えて混ぜる。にら以外の具材をのせ（米と具材は混ぜないこと）、炊飯する。

**3** 炊きあがったらにらを加えて再度フタをし、3分ほど蒸らす。ごま油と白ごまを加えて全体を混ぜる。

かおし作

# さつまいもとベーコンの炊き込みご飯

ほくほくのさつまいもにベーコンを加えて。ベーコンが入ることでだしがきいて味に奥行きが出ます。

ウエキ作

**材料**（作りやすい分量）

- 米……2合
- さつまいも……200g
- ベーコン……100g
- 黒いりごま……適量

A
- しょうゆ……大さじ2
- 酒……大さじ2

**作り方**

1 米は洗って水気をきっておく。さつまいもは1cm角に切る。ベーコンは1cm幅に切る。

2 炊飯器の内釜に米とAを入れ、水を2合の目盛りまで加えて混ぜる。さつまいもとベーコンをのせて炊飯する。

3 炊きあがったらよく混ぜて器に盛り、黒ごまをふる。

column

# 私の在宅楽飯

## ウエキトシヒロ編

初めて買ったストウブのホーロー鍋と、お気に入りの鍋たち。

僕は現在、男性料理家としていろいろなメディアに出演させていただく機会があります。そこで感じるのは、「ラクに作る」や「時短料理」といったテーマは、女性向けのジャンルなのだなということ。逆に「贅沢に時間をかけて作る」といった料理は男性向きのイメージがあるように感じています。

もちろんそれはそれでいいのですが、これからの時代は料理もジェンダーフリーになるといいなと思い始めました。「在宅楽飯」という言葉は、男性もラクに気軽に料理をしてほしいし、女性も自分の時間を楽しめる料理を作ってほしいなという思いで作りました。

仕事と家庭のバランスがあると思うので、料理を完全に平等にする必要はないかもしれませんが、「一人では塩がどこに置いてあるかもわからない」みたいなことは、なくしていけるといいですよね。

「楽しく作る」のきっかけとして、料理道具や調味料のどれか一つを吟味して選ぶと、楽しくワクワクした気持ちになれます。僕は最初にホーロー鍋を買ったとき、うれしくて何度も煮込み料理を作りました。料理がさらに楽しいものとなった瞬間でした。特殊な道具ではなく、普段使いできる道具にこだわるというのがポイントです。

お酢は米酢をベースに穀物酢と使い分けています。

塩は安くてもよいけれど天日海塩や岩塩を選びます。

もちろん、全部を最上のものに、と気合いを入れすぎてしまうと、身も心も財布も持ちません。どれか一つと決めて選ぶのがいいかなと思います。

たとえばお酢。「穀物酢」はその名の通り、小麦、酒粕、米など複数の穀物を原料として作られているお酢です。一方「米酢」は、米のみを主原料として作られたお酢です。なめてみると、味が違うのがわかります。米酢は濃い味つけの料理の調味料に合うし、穀物酢はさっぱりした味わいなので、餃子のつけダレなどそのまま使う料理に合います。料理に合わせて使い分けてみると、料理の新しい扉が開かれます。

塩も、種類によって大きく味が異なる素材です。僕のおすすめは天日海塩や岩塩。精製された塩は体に吸収されすぎてしまいますが、これらの塩は、同じ量でも体にかかる負担が少ないのです。味もまろやかで、塩だけをなめても旨味が感じられます。

　料理が好きで仕事にしている僕ですが、年々、料理に対しての考え方がシンプルになってきました。素材の味を楽しみながら、ラクに作れる料理がいいなと思うようになりました。やっぱり肩肘張った料理は疲れます。ササッと作れておいしいのが一番。

　この本で紹介している料理は、食材、調味料、どれもとてもシンプルな組み合わせで作られています。道具も特別なものは必要ありません。ですが、料理心をくすぐるレシピはたくさんあると思います。パートナーが料理をあまりしない人だったら、ぜひ見せてほしいと思います。食べたい、作りたいと思う料理が見つかるはず！

　「在宅楽飯」が、これからの時代のスタンダードになるといいなと思います。

本みりんを使います。みりんは種類も多く奥が深いなぁと思います。

# 4 パン

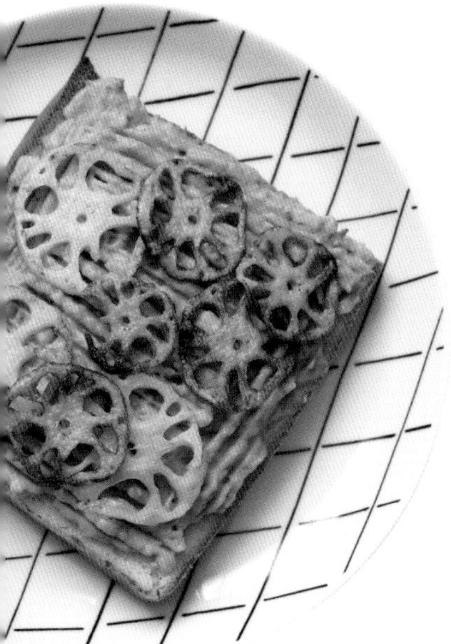

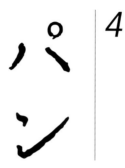

# トロトロチーズオムレツトースト

ベビーリーフは洗うだけで切らずに使えてラクチン。このチーズオムレツは目玉焼きよりも手早く作れるのでわが家の定番です。

**材料**（2人分）

- ・食パン……2枚
- ・ベビーリーフ……1/2袋
- ・オリーブオイル……大さじ2
- ・黒こしょう……適量

**A**
- ・卵……3個
- ・牛乳……大さじ2
- ・とろけるチーズ（シュレッド）……40g

**作り方**

1. ボウルに**A**を入れて混ぜる。フライパンにオリーブオイル大さじ1を熱して**A**を流し入れ、たまにかき混ぜながら半熟になったら火を止める。
2. トーストした食パンにベビーリーフと**1**をのせ、オリーブオイル大さじ1をまわしかけて黒こしょうをふる。

ぐっち作

# ベーコンチーズメープルトースト

ベーコンとメープルシロップの相性は抜群！　甘じょっぱい味が後を引くおいしさです。黒こしょうをたっぷりふれば、ワインにもよく合います。

**材料（2人分）**

- 食パン……2枚
- ベーコン……60g
- とろけるチーズ（シュレッド）……40g
- メープルシロップ……適量
- 黒こしょう……適量

**作り方**

1 ベーコンを食べやすい大きさに切る。
2 食パンにチーズとベーコンをのせ、オーブントースターで焼く。こんがり焼けたらメープルシロップをまわしかけ、黒こしょうをふる。

ぐっち作

# 薄焼き食パンピザ

予熱しておいたグリルで焼くことでパリパリに。マルゲリータ以外にも、さまざまな材料で気軽にピザ風トーストが楽しめます。パーティーメニューにも！

**材料**（2人分）

- 食パン（8枚切り）……2枚
- モッツァレラチーズ（スライス）……2枚
- ミニトマト……6個
- バジル……適量
- 黒こしょう……適量

**作り方**

1. ミニトマトは4等分に切る。食パンはミミを切り落とし、麺棒で薄くのばす。魚焼きグリルを予熱しておく。
2. 食パンにモッツァレラチーズをのせ、その上にミニトマトをのせる。グリルに入れて1分ほど焼き、パンのフチが茶色くなったら火を止め、そのまま1〜2分おく。
3. 皿にのせて黒こしょうをふり、バジルを散らす。

かおし作

# ツナマヨちくわのホットサンド

北海道に出張したとき、よく食べていた札幌のご当地グルメ「ちくわパン」をイメージ。おうちごはんにもアウトドアにもピッタリです。

**材料**（2人分）

- 食パン（8枚切り）……4枚
- ちくわ（細め）……3本
- ツナ……1缶（70g）
- 玉ねぎ……$\frac{1}{4}$個
- 万能ねぎ（小口切り）……1本
- マヨネーズ……大さじ1 $\frac{1}{2}$
- とろけるチーズ（スライス）……2枚
- バター……10g
- 黒こしょう……適量

**作り方**

1. ちくわは2mm幅に切る。玉ねぎは薄切りにし、水にさらして軽くもみ、水気を絞る。ツナは油をきる。ボウルにこれらの材料と万能ねぎ、マヨネーズ、黒こしょうを入れて混ぜる。
2. 食パン1枚にチーズをのせ、**1**の$\frac{1}{2}$量を平らになるように広げ、もう1枚の食パンでサンドする。これを2セット作る。
3. フライパンを熱し、バターの$\frac{1}{2}$量を溶かす。弱火にして**2**を1セットのせ、アルミホイルをかぶせ、水を入れた底が平らな鍋などを上にのせて重しをする。弱火で3分ほど焼いたら裏返し、同様に2分ほど焼く。もう1セットも同様に焼き、半分に切って皿に盛る。

かおし作

# レンコンとアボカドトースト

シャキシャキのレンコンとアボカドの組み合わせが魅力のトースト。レンコンはカリッと焼くと香ばしくておいしいです。

**材料**（２人分）

- ・食パン……２枚
- ・レンコン……60g
- ・アボカド……１個
- ・酢……大さじ１
- ・サラダ油……大さじ１
- ・バター……適量
- ・塩……少々

**作り方**

**1** レンコンは薄切りにして水にさらす。アボカドは半分にくるりと切り込みを入れ、実をねじりながら2つに分ける。種を取って皮をむき、ボウルにつぶしながら入れて酢と混ぜる。

**2** フライパンに油を熱し、レンコンを並べて入れて塩をふり、両面を焼く。

**3** パンを軽くトーストしてバターを塗り、**1**のアボカドをのせ、再びトーストする。**2**をのせる。

ウエキ作

# キャベツ納豆チーズトースト

納豆とチーズはそれぞれ単品で食べてもおいしいですが、組み合わせるとまた違ったおいしさに。納豆好きな人はぜひ作ってみてください。

**材料**（2人分）

- ・食パン……2枚
- ・キャベツ……2枚
- ・納豆……1パック（タレも使用）
- ・とろけるチーズ……40g

**作り方**

1. キャベツは太めのせん切りにする。納豆は付属のタレを混ぜる。ボウルにこれらを入れてよくあえる。
2. 食パンに1ととろけるチーズをのせ、4～5分トーストする。

ウエキ作

# そぼろとポテトのトーストサンド

ひき肉とじゃがいもがたくさん入ったボリュームのあるサンドイッチ。味がしっかりついているので、モリモリ食べられます。

**材料**（2人分）

- ・食パン（6枚切り）……2枚
- ・豚ひき肉……150g
- ・じゃがいも……小1個
- ・サラダ油……大さじ1
- ・バター……20g

**A**
- ・しょう油……大さじ1
- ・みりん……大さじ1
- ・塩……少々

**作り方**

**1** じゃがいもは7mm幅に切る。フライパンに油をひいてじゃがいもを炒め、ひき肉も加えて火が通るまで炒めたら、**A**を加えて味をつける。

**2** 食パン2枚をトーストし、バターを塗る。**1**の具をのせてサンドし、半分に切って皿に盛る。

ウエキ作

# 粒あんクリームチーズのおやつトースト

コーヒーやお茶によく合う、甘いおやつトースト。食パンは厚切りでも薄切りでもおいしいです。カナッペ風に一口大で作っても。

**材料**（2人分）

- 食パン……2枚
- 粒あん……80g
- クリームチーズ……40g
- バター……適量
- 塩……少々

**作り方**

1. 食パンは半分に切り、トーストする。熱いうちにバターを塗る。
2. 粒あんとクリームチーズをよく混ぜ、1/4量ずつをパンにのせ、塩をパラリとふる。

かおし作

# ジャムチーズホットサンド

とろけないタイプのチーズを使って作る、甘じょっぱさがクセになるホットサンド。具材が少ないので、重しの鍋には水を入れなくてもOKです。

**材料**（2人分）

- 食パン（8枚切り）……4枚
- スライスチーズ……4枚
- お好きなジャム……60g
- バター……10g

**作り方**

1. 食パン1枚にチーズを2枚のせ、その上にジャムをのせ、もう1枚のパンでサンドする。これを2セット作る。
2. フライパンを熱してバターの半量を溶かす。**1**を1セットのせ、アルミホイルをかぶせ、底が平らな鍋などをのせて重しをする。中弱火で片面2分ずつ焼く。もう1セットも同様に焼き、半分に切って皿に盛る。

かおし作

# 5 楽おかず

楽
おかず

# もやしとささみの梅肉ナムル

ナムルの和風アレンジ。ささみが入るのでボリューム満点。さっぱりとした食べやすい味です。

**材料**（2人分）

- ・鶏ささみ……2本
- ・もやし……1袋
- ・梅干し……2個
- ・白いりごま……適量
- **A**　・ごま油……大さじ2
　　・塩……小さじ$\frac{1}{4}$

**作り方**

1. もやしは熱湯で1分ゆでる。ささみは縦に半分に切って3分ゆで（もやしと同じ湯でゆでてOK）、冷まして食べやすい大きさにさく。梅干しは種を取り、包丁でたたく。
2. ボウルに**1**を入れ、**A**を加えてよくあえる。器に盛り、白ごまをふる。

ウエキ作

# ちくわと水菜のごまあえ

薄切りにしたちくわはサラダとの相性抜群。シャキシャキの水菜と合わせて食感を楽しんでください。普段料理のもう一品にぴったり。

**材料**（2人分）

- ちくわ（細め）……3本
- 水菜……1～2株

**A**
- 白すりごま……大さじ1
- 酢……大さじ1
- みそ……小さじ1
- しょうゆ……小さじ1

**作り方**

1. ちくわは斜め薄切りにする。水菜は5cm長さに切る。
2. ボウルにちくわと水菜、混ぜ合わせた**A**を入れてよくあえる。

楽 おかず

ウエキ作

# えのき入りいか納豆

大好きないかを、どうにかしてカサ増ししたくて生まれた一品（笑）。えのきはクセが少なく歯ごたえもいいので、いかとよく合います。丼にしても。

**材料**（2人分）

- ・いかの刺身……50g
- ・えのきだけ……1/2株
- ・納豆……1パック
- ・大葉……4枚
- ・卵黄……1個
- ・めんつゆ（2倍濃縮）……適量

**作り方**

1. えのきは石づきを切り落として2等分に切り、小房に分ける。塩少々（分量外）を加えた湯でさっとゆがいてざるに広げて冷ます。
2. いかは細切りにする。大葉は縦半分に切って細切りにする。
3. いかとえのきをよく混ぜて器に盛り、納豆、大葉を添えて卵黄をのせる。めんつゆをかけて混ぜていただく。

かおし作

楽
おかず

# レンジで簡単ツナにんじん

とにかく簡単にできる副菜です。にんじんはピーラーで削ると、厚みが均一になり食感もいいのでおすすめ。

ウエキ作

**材料**（2人分）

・にんじん……小1本（100g）
・ツナ……1缶（70g）
・白いりごま……適量
**A**　・ごま油……大さじ1
　・しょうゆ……小さじ1
　・砂糖……小さじ$\frac{1}{2}$
　・塩……少々

**作り方**

**1** にんじんはピーラーで薄くむく。ツナは油をきっておく。
**2** にんじん、ツナ、**A**を耐熱ボウルに入れて混ぜ合わせ、ラップをして電子レンジ（600W）で2分加熱する。皿に盛り、白ごまをふる。

# アボカドとサーモンのサラダ

材料を同じくらいの大きさに切るのがポイント。アボカドを少しつぶすように混ぜると濃厚な味わいに、つぶさないように混ぜるとあっさりした味わいになります。

**材料**（2人分）
- アボカド……1/2個
- 刺身用サーモン……70g
- モッツァレラチーズ……100g
- かいわれ……適量
- 黒こしょう……適量

**A**
- オリーブオイル……大さじ1
- 酢……大さじ1 1/2
- しょうゆ……小さじ2
- 柚子こしょう……小さじ1/4

**作り方**

1. アボカドは半分にくるりと切り込みを入れ、実をねじりながら2つに分ける。種を取って皮をむき、1cm角に切る。サーモン、モッツァレラチーズも1cm角に切る。かいわれは根元を切り落として3cm長さに切る。
2. ボウルに**1**と**A**を入れてよくあえる。皿に盛り、黒こしょうをふる。

楽
おかず

ウエキ作

# 厚揚げの甘辛焼き

お肉がなくてもメインになるしっかり味の一品。かいわれ、レタスのせん切りなどの野菜と一緒に食べるとおいしいです。

**材料**（2人分）

- 厚揚げ……2枚（300g）
- 小麦粉……適量
- ごま油……大さじ1
- かいわれ……1パック

**A**
- しょうゆ……大さじ$1\frac{1}{2}$
- 酢……大さじ$1\frac{1}{2}$
- みりん……大さじ1
- 砂糖……大さじ1
- 水……大さじ1

**作り方**

1. 厚揚げは正方形タイプ2枚なら4等分に、長方形タイプ1枚なら8等分に切り、小麦粉を薄くまぶす。かいわれは根元を切り落とす。
2. フライパンにごま油を熱して厚揚げを入れ、中弱火で両面をカリッと焼く。Aを混ぜ合わせて加えて少し火を強め、時々厚揚げを裏返しながら、水分が$\frac{1}{3}$程度になるまで煮詰める。
3. 皿に厚揚げをのせてフライパンのたれをかけ、かいわれを添える。

楽
おかず

かおし作

# 豚バラと小松菜とにんじんのナムル

レンジで加熱してあえるだけですぐにできてしまうお手軽レシピ。副菜にはもちろん、お肉も入ってしっかり味なのでメインにもなりますよ！

**材料**（2人分）

・豚バラ薄切り肉……70g
・にんじん……1/2本（80g）
・小松菜……1/2袋（140g）
・酒……大さじ1

**A**
・鶏がらスープの素……大さじ1
・白すりごま……大さじ1
・白いりごま……大さじ1
・ごま油……大さじ1
・一味唐辛子……少々

**作り方**

1 豚肉と小松菜は5cm長さに切る。にんじんは5cm長さのせん切りにする。
2 耐熱ボウルに下からにんじん、小松菜、豚肉の順に重ね、酒をまわしかけ、ラップをして電子レンジ（600W）で5分加熱する。
3 2にAを加えてよくあえる。

ぐっち作

# 豚しゃぶのキャベツキムチあえ

ゆでキャベツとキムチでご飯が進みます。キャベツと豚肉は一緒にゆでてもいいですが、その場合はキャベツにアクがつかないようにアクを取りながらゆでてください。

**材料**（2人分）

- 豚薄切り肉……200g
- キャベツ……1/8個
- キムチ……100g
- 白いりごま……適量
- **A**
  - ごま油……大さじ1
  - 酢……大さじ2
  - しょうゆ……大さじ1

**作り方**

1. キャベツを大きめのざく切りにし、熱湯で2分ゆでる。豚肉は食べやすい大きさに切り、湯で色が変わるまでゆでる（キャベツ→豚肉の順番で同じ湯でゆでてOK）。
2. ボウルに水気をよくきった**1**を入れて混ぜ、皿に盛る。キムチをのせて**A**を混ぜ合わせてかけ、白ごまをふる。

楽 おかず

ウエキ作

# 鶏肉と夏野菜の焼きびたし

この分量で作ると少し多めにできますが、冷蔵庫で2～3日保存できるので、作り置きやお弁当にも。そうめんのつけつゆにしてもおいしいです。前日の夜に仕込んでおくと、翌日に助かります。

楽
おかず

**材料**（2人分）

・鶏もも肉……300g
・なす……小2本
・ズッキーニ……小1本
・オクラ……8本
・サラダ油……大さじ1

**A**
・ポン酢……100ml
・水……100ml
・砂糖……小さじ1

**B**
・みょうが……適量
・大葉……適量
・削り節……適量

**作り方**

**1** なすとズッキーニは乱切りにし、なすは皮に切り込みを入れる。オクラはガクをむいて塩（分量外）をふり、板ずりしてうぶ毛を取る。みょうがと大葉はせん切りにする。鶏肉は一口大に切る。

**2** フライパンに油を熱し、なすと鶏肉を皮面から焼き、焼き色がついたらズッキーニとオクラを加えて全体を焼く。

**3** 火が通ったらキッチンペーパーで軽く油をふき取り、**A**を加えて軽く煮立て、保存容器に移す。フタを開けた状態で粗熱をとり、冷蔵庫で冷やす。食べるときにお好みで**B**をのせる。

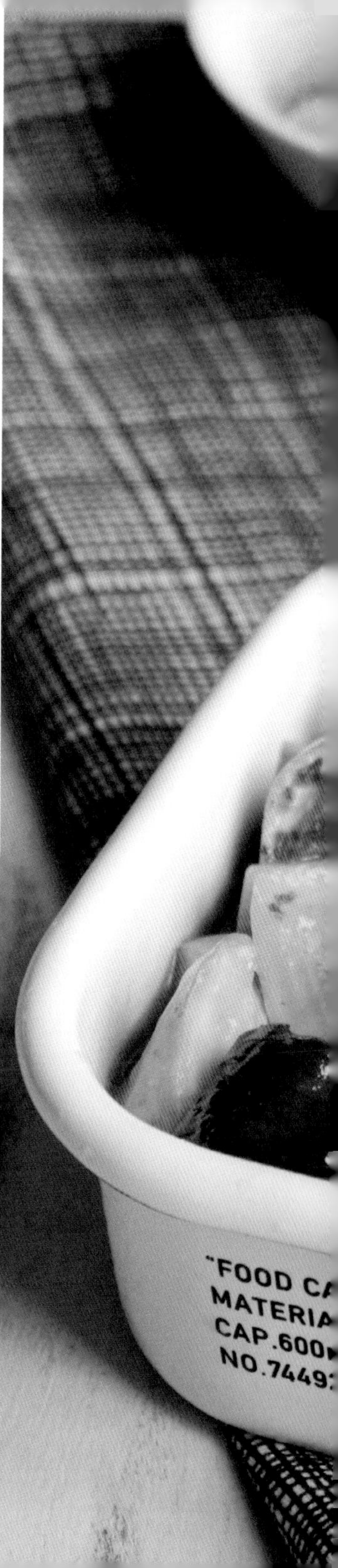


ぐっち作

# ちくわの肉巻きカツ

揚げるとお肉のような味わいになるちくわを使い、食べ応えのある揚げ物に。大葉の風味が効いたおかずにもおつまみにもなる一品です。冷めてもおいしいので、お弁当にも。

**材料**（2人分）

- ちくわ（太め）……4本
- 豚バラ薄切り肉……4枚
- 大葉……4枚
- 塩……適量
- 黒こしょう……適量
- パン粉……適量

**A**
- 小麦粉……大さじ4
- 卵……1個
- 水……大さじ3

**B**
- マヨネーズ……大さじ2
- 中濃ソース……大さじ2
- めんつゆ（2倍濃縮）……大さじ1

**作り方**

1 ちくわに大葉と豚肉を巻きつけ、塩、こしょうをふる。

2 ボウルに**A**を入れて混ぜ、**1**をくぐらせる。パン粉をつけ、熱した油（分量外）でこんがりと揚げる。油をきり、皿に盛る。

3 **B**を混ぜてソースを作り、カツに添える。

楽 おかず

かおし作

# 薄切りポークチャップ

白いご飯がいくらでも進む一品。わが家ではオムライスの中のチキンライスもナポリタンもこれと同じ味つけで作ります。

**材料**（2人分）

- 豚ロース薄切り肉……250g
- 玉ねぎ……1/2個
- キャベツ……適量
- バター……10g

**A**
- ケチャップ……大さじ1 1/2
- ウスターソース……大さじ1
- 酒……大さじ1/2
- しょうゆ……大さじ1/2

**作り方**

1. 玉ねぎは薄切りにする。キャベツはせん切りにする。
2. フライパンにバターを温めて玉ねぎを炒め、しんなりしたらフライパンの端に寄せ、空いているスペースで豚肉を両面カリッと焼く。
3. **A**を混ぜ合わせて**2**に絡めながら炒める。皿に盛り、キャベツを添える。

楽
おかず

ぐっち作

# なめたけと三つ葉の卵焼き

卵はなめたけだけで味つけが決まります。四角い卵焼きにせず、フライパンでオムレツのように仕上げても◎。

**材料**（2人分）

- 卵……2個
- なめたけ……大さじ2
- 三つ葉……$\frac{1}{3}$束
- 大根……3cm
- 大葉……1枚
- しょうゆ……適量

**作り方**

1. 三つ葉は根元を切り落として1.5cm長さに切る。ボウルに卵を溶き、三つ葉、なめたけ、水大さじ1（分量外）を加えてよく混ぜる。卵焼き器に油（分量外）をひき、卵焼きを作る。
2. 大根をおろして水気をきり、皿に大葉を敷いて大根おろしをのせ、しょうゆをかける。卵焼きを盛りつける。

楽
おかず

かおし作

6

# 5分つまみ

ウエキ作
5分
つまみ

# サーモンのチーズ海苔巻き

クリームチーズとサーモンは必ずおいしい組み合わせ。わさびじょうゆでいただきます。

**材料**（2人分）

・刺身用サーモン……150g
・クリームチーズ……100g
・かいわれ……適量
・海苔（手巻き寿司用）……6枚
**A**　・しょうゆ……適量
　　・おろしわさび……適量

**作り方**

**1** サーモンは7mm幅に切る。クリームチーズは6等分する。かいわれは根元を切り落とす。

**2** 海苔巻きを6本作る。海苔を6枚広げ、サーモン、クリームチーズ、かいわれの順にのせていく。**A**を少しかけ、くるりと巻く。

# アボカドのツナマヨあえ

アボカドにツナ、味つけはマヨネーズという濃厚かつ奥深い味。お酒によく合います。

**材料**（2人分）

・アボカド……1個
・ツナ……1缶（70g）
・万能ねぎ（小口切り）……適量
**A**　・マヨネーズ……大さじ1
　　・しょうゆ……小さじ1

**作り方**

**1** アボカドは半分にくるりと切り込みを入れ、実をねじりながら2つに分ける。種を取って皮をむき、1cm幅に切る。ツナは油をきる。

**2** ボウルにアボカドとツナと**A**を入れ、よくあえる。皿に盛り、万能ねぎを散らす。

# さば缶のねぎダレ

白いご飯にも合う、さば缶とねぎをサッと炒めた大好きな一品。おかずにも、酒の肴にも。

**材料**（2人分）

- さばの水煮……1缶（90g）
- 長ねぎ……15cm
- 万能ねぎ（小口切り）……適量
- **A**
  - しょうゆ……小さじ2
  - 酢……小さじ1
  - 塩……少々
  - ごま油……大さじ1

**作り方**

**1** 長ねぎは斜め薄切りにする。さばの水煮は水気をきる。

**2** フライパンに長ねぎとさばの水煮、**A**を入れ、混ぜながら長ねぎがしんなりするまで炒める。器に盛り、万能ねぎを散らす。

# 塩辛クリームチーズ

塩辛を同じ発酵食品のチーズと合わせて。きゅうりのシャキシャキがアクセント。

**材料**（2人分）

- いかの塩辛……大さじ2
- クリームチーズ……60g
- きゅうり……1/5本
- 大葉……1枚

**作り方**

**1** クリームチーズは4等分する。きゅうりと大葉は3mm幅の細切りにする。

**2** ボウルに塩辛ときゅうりを入れ、よくあえる。

**3** 皿にクリームチーズを並べて**2**を盛り、大葉を散らす。

かおし作
5分
つまみ

# めんちくパリチー

めんたいちくわパリパリチーズの略（笑）。できたてでも時間がたっても美味。ビールに合う！

**材料**（2人分）
- ちくわ（太め）……3本
- 明太子（たらこでもOK）……1本（1/2腹）
- とろけるチーズ（スライス）……3枚

**作り方**
1. 明太子は薄皮を取り除いてほぐす。ちくわを縦半分に切り、明太子をちくわの溝に詰める。
2. とろけるスライスチーズを半分に切ってフライパンにのせ、その上に**1**のちくわを断面を下にしてのせる。
3. 中弱火でチーズが薄茶色になるまで焼いたら、フライ返しでそっとはがし、キッチンペーパーにのせて油をきる。

# ごま油で食べるキムチやっこ

豆腐の水切りはレンジでしっかりと。絹ごしよりも木綿のほうがごま油がよく絡みます。

**材料**（2人分）
- 木綿豆腐……1丁（300g）
- キムチ……100g
- 万能ねぎ（小口切り）……1本
- ごま油……適量

**作り方**
1. 豆腐は二重にしたキッチンペーパーで包んで耐熱皿にのせ、電子レンジ（600W）で3分加熱する。
2. 豆腐を手で四つ割りにして皿に盛り、キムチと万能ねぎをのせ、ごま油をかける。

## マグロのおつまみタルタル

海苔は焼き海苔でも、味つけ海苔でも、韓国海苔でも。少ししょうゆをつけて食べても。

**材料**（２人分）

・マグロの刺身……100g
・しば漬け……30g
・たくあん……30g
・海苔……適量

**A** ・万能ねぎ（小口切り）……３本
・ごま油……小さじ２
・白いりごま……小さじ１
・おろしわさび……小さじ$\frac{1}{2}$
・塩……小さじ$\frac{1}{4}$

**作り方**

**1** マグロは適当な大きさに切り、包丁でたたく。しば漬けとたくあんはみじん切りにする。

**2** ボウルに**1**と**A**を入れてよくあえる。器に盛り、海苔を添える。

## たこだけ焼き

たこをダイレクトに味わいます。マヨネーズをつけても。ビールやハイボールのおともに♪

**材料**（２人分）

・ゆでだこ……200g
・サラダ油……小さじ１
・たこ焼きソース……適量

**A** ・万能ねぎ（小口切り）……１本
・紅しょうが……適量
・天かす……適量
・削り節……適量
・青のり……適量

**作り方**

**1** たこはぶつ切りにする。紅しょうがはみじん切りにする。

**2** フライパンにサラダ油を熱し、たこを焼く。

**3** 器にたこを盛ってソースをかけ、**A**をのせる。

ぐっち作
5分
つまみ

# 青菜とじゃこの山椒炒め

冷奴のほか、ご飯にのせても、パスタにしても◎。冷蔵庫での保存は3日ほど。妻の大好物です。

**材料**（2人分）

・小松菜……$\frac{1}{2}$袋（140g）
・ちりめんじゃこ……30g
・白いりごま……大さじ$\frac{1}{2}$
・ごま油……大さじ$1\frac{1}{2}$
・粉山椒……適量
**A**　・酒……大さじ$\frac{1}{2}$
　　・しょうゆ……大さじ$\frac{1}{2}$

**作り方**

**1** 小松菜は3mm幅にきざむ。
**2** フライパンにごま油を熱し、小松菜、ちりめんじゃこ、白ごまを炒める。
**3** 全体に油がまわったら**A**を加えて水分を飛ばすように炒め、粉山椒をふる。

# 和風ジャーマンポテト

長芋は軽くシャキッと炒めたほうが歯ごたえが楽しい。黒こしょうはたっぷりと！

**材料**（2人分）

・長芋……150g
・玉ねぎ……$\frac{1}{4}$個
・ウインナー……4本
・オリーブオイル……大さじ1
・めんつゆ（2倍濃縮）……大さじ$1\frac{1}{2}$
・黒こしょう……適量

**作り方**

**1** 長芋は皮をむいて乱切りにする。玉ねぎは薄切りにする。ウインナーは食べやすい大きさに切る。
**2** フライパンにオリーブオイルを熱して**1**を炒める。
**3** 玉ねぎが透き通ったらめんつゆを加えて水分を飛ばすように炒め、黒こしょうをふる。

# えびとセロリの塩炒め

セロリは油との相性がよく、炒めるととてもおいしい。ビールにも白ワインにも合います。

**材料**（２人分）

- ・むきえび……100g
- ・セロリ（葉も使用）……1/2本（100g）
- ・サラダ油……大さじ1
- ・塩……少々
- **A** ・鶏がらスープの素……小さじ1/2
  - ・酒……大さじ1

**作り方**

1. セロリの茎は5mm幅の斜め切りに、葉はざく切りにする。
2. フライパンに油を熱し、セロリの茎を炒める。
3. 茎が透き通ってきたら、むきえび、セロリの葉、**A**を加えて炒め、えびに火が通ったら塩で味をととのえる。

# さつま揚げときのこのバターしょうゆ

さつま揚げに焼き色がつくように炒めると、香ばしく仕上がります。お弁当にも。

**材料**（２人分）

- ・さつま揚げ……120g
- ・しいたけ……2個（30g）
- ・まいたけ……30g
- ・エリンギ……30g
- ・バター……10g
- **A** ・酒……大さじ1/2
  - ・しょうゆ……大さじ1/2

**作り方**

1. さつま揚げときのこを食べやすい大きさに切る。
2. フライパンにバターを溶かして**1**を炒める。きのこがしんなりしてきたら**A**を加え、水分を飛ばすように炒める。

# 食材別索引

## 野菜・きのこ

## 肉・魚介・卵・大豆加工品ほか

### 肉



### 魚介



### 卵



### 魚肉加工品



### 大豆加工品

ウエキトシヒロ（@utosh）

長野県佐久市出身。料理家・フードスタイリスト。グラフィックデザイナー時代からインスタグラムに料理写真を投稿。フォロワーは14万人以上。著書に『盛りつけエブリデイ』（KADOKAWA）、『とりあえず野菜食BOOK』（学研プラス）がある。

かおし（@cao_life）

岡山県岡山市在住。夫＆チワワ2匹と自由気ままに暮らす食いしんぼうインスタグラマー。好きなことは食べ歩き、お酒、器、旅行。掲載書籍に『おいしい器の使い方』（KADOKAWA）などがある。

ぐっち（@gucci.tckb）

兵庫県姫路市在住。自称イクメンとして、妻と娘のために毎日ごはん作りに勤しんでいる。おいしいと言ってもらえることが何よりの幸せ。著書に『今日だけ激悪飯』（小学館集英社プロダクション）がある。

# 在《ざい》宅《たく》楽《らく》飯《めし》100

## 15分《ふん》で最高《さいこう》のおうちごはん

2020年9月20日　第1刷発行

著者

ウエキトシヒロ、かおし、ぐっち

発行者

佐藤 靖

発行所

大和《だいわ》書房

東京都文京区関口1-33-4

電話　03-3203-4511

印刷

歩プロセス

製本

ナショナル製本



Printed in Japan
ISBN978-4-479-92143-1



http://www.daiwashobo.co.jp

デザイン

三木俊一、髙見朋子（文京図案室）

撮影

ウエキトシヒロ、かおし、ぐっち

編集担当

八木麻里